진보 보수 기독교인

REPUBLOCRAT : Confessions of a Liberal Conservative

By Carl R. Trueman

Copyright © 2010 by Carl R. Trueman
Originally published in English under the title Republocrat by P&R Publishing Company, Phillipsburg, New Jersey, USA.
All rights reserved.
This Korean Edition Copyright © 2012 by Jipyung Publishing Company, Seoul, Republic of Korea.
This Korean edition is translated and used by arrangement of P&R Publishing Company through rMaeng2, Seoul, Republic of Korea.

이 한국어판의 저작권은 알맹2 에이전시를 통하여 P&R Publishing Company와 독점 계약 한 도서출판 지평서원에 있습니다. 신 저작권법에 의하여 한국 내에서 보호받는 저작물이므로 무단 전재와 무단 복제를 금합니다

진보 보수 기독교인

칼 트루먼 지음 | 김재영 옮김

지평서원

| 추천사 |

"한국 교회 안에는 우리가 몸담고 있는 한국 사회와 마찬가지로 진보와 보수의 양극화가 두드러지게 나타난다. 신앙의 보수가 곧 정치와 경제, 사회와 관련해서도 보수로 귀결되는 상황에서 청년들은 점점 교회를 외면하고 떠난다. 그런데 가만히 생각해 보면, 예수 그리스도가 삶의 주인임을 고백하는 사람은 모든 면에서 보수적이어야 할 필요도, 모든 면에서 진보적이어야 할 필요도 없다. 가족이나 공동체의 가치, 생명의 존엄성 등에 대해서는 보수적이면서도 가난이나 인종의 문제, 전쟁과 평화의 문제 등에서는 진보적일 수 있음을 트루먼은 보여 준다. 미국 교회에 대한 신랄한 비판은 한국 교회를 비춰 보는 좋은 거울이 된다. 정치 신학에 속한 문제를 기독교 철학자나 조직신학자가 아니라 교회사 학자가 다룰 때 수확할 수 있는 것이 무엇인지를 보여 주는 것도 이 책이 지닌 미덕이다. 이 책이 우리 청년들의 생각을 자극하여 복음의 터전 위에 굳게 서서 그리스도의 마음으로 세상을 품고 함께 아파하는 사람들이 많이 생기기를 기원한다."

_강영안(서강대학교 철학과 교수)

✽

"이렇게 지적인 자극과 감성적 흥분, 그리고 역동적 의지의 결단을 불러일으키는 작은 책이 또 있을까? '공화당적 민주당' '진보적 보수주의' '정치적으로 진보적이며 신앙적으로 보수적인' 이러한 모순어법적 표현이 현실적으로 가능한 것일까? 이분법적 사고로 굳어 버린 마음과 머리는 반발하고 격앙하며 이해할 수 없겠지만, 칼 트루먼의 이 모순어법적 표현은 어쩌면 현실 세계에 대하여 가장 성경적인 신앙이 이끄는 유일한 선택이 아닐까? 이 세상에는 '절대'가 없으며, 오직 하나님 나라만이 '절대'이지 않은가? 그의 정치적 입장에 대한 동의와 상관없이 이 책은 새로운 사고와 실천의 지평을 열어 주는 매우 유익한 책이다. 특히 한국 교회와 정치의 지평 속에서 희미해져 가는 하나님 나라를 찾아 가기 위하여, 그리고 무엇보다도 신앙의 보수가 정치의 보수로 화석화되어 버리는 현상 속에서 하나님 나라를 떠나는 많은 영혼들을 되돌리기 위하여 고정관념을 흔들어야 할 때 더욱 가치가 빛나는 멋진 책이다."

_김병훈(합동신학대학원대학교 조직신학 교수, 화평교회 담임목사)

✽

"미국 보수 기독교계의 정치 행태에 대한 통렬한 비판이, 필라델피아의 지극히 보수적인 신학교에서 역사신학을 가르치는 영국 출신의 청교도 역사신학자의 손을 통해 이루어졌다. 영국에서 청교도들은 애초에 단지 영국 교회를 성경적으로 개혁하고자 하다가 역사의 아이러니에 의해 영국 정치의 난맥상에 끼어들 수밖에 없게 되었다. 오늘날 영국의 민주정치는 목숨이 오갔던 그 치열한 역사 속에서 성장했다. 치열한 전통 가운데서 복음을 고수하고 전파하려는 노력 속에 성장한 저자가 보기에 미국의 보수 기독교계의 정치적 습성은 너무나 단세포적이며 흑백논리적이다. 이것은 그들의 고질병이다. 순수하고 멋진 복음의 친구가 미국의 정치나 국제 정치라는 주제만 나오면 공화당 대변인으로 변신한다. 쟁점은 우리의 개혁신학 전통과 본래적 의미의 청교도 전통만 따른다 할지라도, 미국의 보수 신학교와 신앙인들의 자기 반성이 충분히 이루어질 수밖에 없어야 한다는 것이다. 또한 성경 자체의 해석에 들어가면 정치적인 범주는 훨씬 더 확대될 수밖에 없다. 이는 한국(남한) 보수 교회들의 현실 정치 행태에 대해서도 타산지석이 아닐 수 없다. 이 비평에서 우리 자신의 모습을 읽을 수 있으리라. 그것은 진정으로 개혁되어야 할, 성경적인 명령에 따라 버려야 할 모습이다. 이 책을 강력히 추천한다."

_김재영(International Theological Seminary 교수, 본서의 역자)

✶

"이 책은 정말 고마운 책이다. 신학적으로 보수적이나 사회 윤리적으로 진보적 입장을 가지고 있는 그리스도인들에게 말이다. 2000년대 들어 특정 보수 정당과 이념을 노골적으로 지지해 온 일부 대형교회 목회자들에 반발하며, 사회적 약자, 탈권위적 민주 질서, 약자에 대한 돌봄, 개발보다는 생태 평화와 같은 가치를 주창하고 증진하는 일에 노력해 온 소위 의식 있는 목회자들과 신자들은 이 책을 통해 든든한 지원군을 만난 듯이 힘을 얻게 되지만, 동시에 조밀한 지식과 비판 의식 없이 진보적 입장을 선이라고, 다소 낭만적으로 생각하고 있지 않은지를 반성하게 될지도 모른다. 그런 점에서 이 책은 보수적이든 진보적이든 모든 그리스도인들을 돌아보게 하는 유익한 책이다. 이 책은 무게가 있으면서도 쉽게 읽히는 근래에 보기 드문 뛰어난 역작이다."

_신원하(고려신학대학원 기독교윤리학 교수)

✽

"이 책은 영국 복음주의자의 눈에 비친 미국 복음주의권의 정치적 왜곡 현상을 적나라하게 그려 내고 있다. 최근 미국의 개신교인 비율이 절반 아래로 떨어졌다는 소식과 더불어, 미국 복음주의의 내부 반성이 본격화되는 데에 가장 앞자리를 차지할 책 중 하나인 듯 싶다. 한국 개신교의 상황에 겹쳐 보이는 지점이 한둘이 아니다. 나는 이 책을 미국의 이야기가 아니라, 한국의 이야기로 읽었다. 정신이 번쩍 날 것이다."

_양희송(청어람아카데미 대표기획자, 『다시 프로테스탄트』의 저자)

✽

"한 나라의 상황은 그 나라 국민이 가장 잘 알겠지만, 때로는 국외자로서 그 나라에서 상당 시간을 보낸 사람이 가장 잘 알기도 한다. 우리는, 미국에서 상당 시간을 보낸 영국인 신학자가 영국에서의 경험을 반영하여 미국의 기독교인들이 과연 정치적 영역에서 제대로 된 역할을 하고 있는지를 잘 분석한 책을 선물 받았다. 게다가 그 신학자가 미국 웨스트민스터 신학교에서 언약신학을 가르치는 칼 트루먼이라면, 우리가 관심을 가지고 읽어 볼 만하지 않은가? 한국의 기독교인들이 이 책을 읽음으로써 자신의 정치적 활동을 반성하는 계기가 마련되었으면 하는 마음으로 이 책을 추천한다. 늘 그러해야 하듯이 깊이 생각하면서 읽고, 우리의 정황에 적용해 보기를 바란다. 그리고 그런 자세로 이번 대선에서 '가장 덜한 악(less evil)'이 어떤 것인지를 잘 선택할 수 있었으면 한다."

_이승구(합동신학대학원대학교 조직신학 교수)

*

"트루먼이 재치 있고도 도발적으로, 그리고 아주 정통한 지식을 가지고 지적하듯이, 보수적인 기독교와 보수주의(신자유주의) 정치 간의 동맹은 미국의 정치라는 특별한 상황 가운데 나타나는 것이지, 역사적으로나 논리적으로 필연적인 것은 아니다. 믿음을 정치적 보수주의와 너무 밀접하게 묶어 버림으로써 젊은 그리스도인들이 정치적으로 중도에서 좌측으로 치우치게 되어 정통주의에서 빠져나오려고 한다는 그의 생각은 전혀 이상하지 않다. 독자가 어떤 견해를 가지고 있든지, 이 책은 오랫동안 원해 왔던 건강한 토론을 즐겁게 하고, 당혹스럽게 하고, 격려할 것이다."

_마이클 호튼Michael Horton
(캘리포니아 웨스트민스터 신학교Westminster Seminary 조직신학 교수)

*

"보수 신학과 보수주의 정치의 불건전한 동맹이 저명한 역사 신학자이자 사회 평론가인 칼 트루먼의 시의 적절하고도 용감한 글에 정면으로 부딪치게 되었다. 설령 독자가 트루먼의 결론에 동의하지 않는다 할지라도, 그의 날카로운 비판은 매우 단단하게 굳어진 정치 의식을 흔들 것이다. 특히 정치적 확신의 토대에 성경적인 지지가 전혀 혹은 거의 없는 사람들을 뒤흔들 것이다. 트루먼은 도발적이며 단도직입적인 필치로 글을 쓰면서 강한 타격을 가하고 있다. 이 책은 매우 중요한 쟁점에 대해 시의 적절하고도 대범하게 평가하며, 보수적인 교회가 현재 맺고 있는 정치적 동맹을 격렬히 재평가한다."

_데릭 토마스Derek W. H. Thomas

(리폼드 신학교Reformed Theological Seminary 조직신학 및 실천신학 교수)

*

"트루먼은 독특한 사람이다. 지적 수준이 높고 자애로운 사람만이 기독교 정치인의 이름으로 정치적 좌파와 종교적 우파에서 가장 좋은 것을 하나로 묶는 용기와 은혜를 가질 수 있을 것이다. 트루먼은 자신의 우편과 좌편의 공격을 피하면서 그들을 공격한다. 요한계시록에 기록된 네 번째로 말 탄 자처럼, 그는 성스럽게까지 여겨지는 보스턴 차 사건을 헤집으며, 환경보호와 여권신장, 동성애를 주장하는 진보주의자들을 비웃고 괴롭힌다. 만일 당신이 총기 소지에 찬성하고 홈스쿨링(homeschooling)에 찬성하며 오바마 정권을 반대하는 보수주의자로서 이란에 미사일 공격을 하는 것이 미국의 의무라고 믿는다면, 이 책은 당신을 불쾌하게 만들 것이다. 만일 당신이 이성(異性)의 옷을 입고 땅을 숭배하며 동성애자를 지지하고 태아를 죽이는 것이 도덕적이라고 생각하는 무신론자라면, 이 책은 당신의 화를 북돋울 것이다. 트루먼은 기독교의 정치적 책임이라는 기치 아래 자유분방한 미국에 영국식 공동체주의를 이식하려고 시도한다. 이 책은 최상의 정치적 에큐메니즘(ecumenism, 세계 교회주의)이다. 만일 트루먼이 민주공화당원으로서 주지사에 입후보한다면, 한 표 던지련다. 나는 그의 메시지에 찬성한다!"

_마이클 버드Michael F. Bird
(『바울을 소개합니다』Introducing Paul의 저자)

✻

"보수주의 정치와 보수적인 기독교의 연관성을 살펴보는 데는 아웃사이더(outsider)의 눈만큼 좋은 것도 없을 것이다. 정당과 정당의 의제들을 성경의 가르침과 연결시키는 일이 오늘날처럼 어려운 경우는 드물 것이다. 현대판 토크빌(Tocqueville, 프랑스의 정치 철학자이자 역사가) 노릇을 하는 영국 출신의 트루먼은 기독교 신앙을 보수적인 정치와 연결시키는 복음주의자들의 성향에 대하여 이해하기 쉽게 분석하면서, 정치적, 경제적 세계관을 절대화하는 일을 경고한다. 특히 정치 논객들의 말을 듣고 읽을 때 선택적으로 듣고 읽으며, 민주적인 절차에 신중하고도 활발히 참여하라고 충고한다."

_앤드류 호훼커W. Andrew Hoffecker

(리폼드 신학교Reformed Theological Seminary 역사신학 교수)

✽

"이 책에서 칼 트루먼은 모든 비현실적인 보수 기독교인들의 코앞에서 암모니아 캡슐을 터트렸다. 이 책을 감히 집어들고 읽는 사람들에게 이 책은 결투장이 될 것이다. 이 책은 미국의 보수주의 기독교의 허울을 산산조각내면서도 죽이지는 않는다. 그가 건전하고 담대하게 주장하는 바는 그리스도인들이 더 조심스럽게 판단하고 성경적으로 건전하게 하나님의 나라를 추구하라는 것이다. 이것은 교회에 대해 진지하고 우리의 왕의 일에 열심인 사람에게서 나온 목회적인 책이다."

_T. M. 무어T. M. Moore

(체서피크 신학교Chesapeake Theological Seminary 전 학장, '현대인을 위한 조나단 에드워즈 시리즈Jonathan Edwards for Today's Reader'의 편집자)

To Peter
Living proof that friendship can extend across
the political divide.
With God, after all, everything is possible.
_Trueman

| Contents |

- 추천의 글 _피터 A. 릴백 · · · 14
- 감사의 글 _칼 트루먼 · · · · 23
- 지은이 머리말 · · · · · · 25

1장 버려지다 · · · · · · · · · · · 39

2장 교활한 세속화 · · · · · · · · · 67

3장 그리 환상적이지 못한 폭스 채널 · · · 93

4장 멋진 인생 살기 · · · · · · · · · 121

5장 여왕의 함대를 지휘하는 사람들 · · · 147

6장 비정치적인 후기 · · · · · · · · · 177

REPUBLOCRAT
: Confessions of a Liberal Conservative

추천의 글

_피터 A. 릴백(Peter A. Lillback)

칼 트루먼(Carl Trueman) 박사가 이 책의 추천의 글을 써 달라고 부탁했을 때, 일단은 영광으로 여기고 받아들였습니다. 적어도 처음에는 그랬습니다. 내가 '보수주의자 중의 보수'로 알려져 있기 때문에, 이 책의 추천의 글을 쓰는 것에 대해 부담을 느끼기 시작하면서 나는 이 일을 재고하게 되었습니다. 아마도 내가 이 일을 하는 것이 지혜로운지, 그리고 적절한지에 대해 점차 회의를 느끼고 있으며 그렇게 위태위태한 일에 착수하기를 주저하고 있다는 것을 의식한 트루먼은, 그의 이 작은 책을 나에게 헌정할 계획을 은근히 밝히면서 그 요청을 달콤하게 만들었습니다! 그때 나는 내가 흔쾌히 이 글을 쓰겠다고 말해야 한다는 사실을 알았습니다. 어떻게 내가 그 영광스러운 벤네비스(Ben Nevis, 영국 제도에서 가장 높은 산) 산 정상으로 나를 인도해 주고 신학 토론의 검은 밑바닥에까지 나와 함께 갔던 형제의 요청을 거절할 수 있겠습니까? 그래서 나는 트루먼에게 편지를 썼습니다. 내가 "적절히 무례를 무릅쓰고" 추천의 글을 쓰는 과업을 받아들이겠다고 말입니다! 달리 어떻게 하겠습니까? 달리 어떻게 보수주의자인 내가 '진보적 보수주의자의 고백들(Confessions of a Liberal Conservative)'이라는 모순어법적인 책을 축하해 줄 수 있겠습니까?

그러므로 "적절히 무례를 무릅쓰고" 세심하게 선택한 '모순어법적(oxymoronic)'이라는 형용사를 먼저 살펴보도록 하겠습니다. 나는 이 단어가 '모로닉(moronic, 저능의, 바보인)'으로 끝난다는 사실이 좋습니다. 그 자체가 이 단어를 설명해 줍니다. 그러나 이 단어가 '옥시(oxy)'로 시작한다는 점에 주목하십시오. 이 말은 '예리한, 신랄한 또는 통렬한'이라는 뜻을 가지고 있습니다. 따라서 이 두 단어는 함께 만나 예리한 모순을 전해 줍니다. '사퍼모어(sophomore, 지혜로운 바보)'와 귀를 멀게 하는 침묵(deafening silence), 폭발하는 평화(exploding peace), 가족 휴가(family vacation)와 같은 어구들이 여기에 속합니다. '진보적 보수주의자(Liberal Conservative)'라는 제목도 마찬가지입니다.

모순적인 책을 쓰려면, 모순적인 학자가 필요합니다. 이제 이것에 대해 설명하겠습니다. 이 책의 저자인 트루먼은 밥 딜런(Bob Dylan)과 레드 제플린(Led Zeppelin)의 노래 가사들을 줄줄 외우는 사람이지만, 주일에는 오직 시편만을 노래하기를 선호하는 사람입니다. 혹시 다른 업무를 해 달라는 요청이 있을까 봐 학감실에서 총장실까지의 26.2걸음을 주저하면서 억지로 걸어오지만, 대개 (운동복 바지에 고드름이 달려도, 얼음 때문에 발목에 상처가 생겨도) 26.2마일을 기쁘게 달려가는 사람입니다. 또한 이 사람은 학자로서 칼 마르크스(Karl Marx)의 저술들을 즐겨 읽지만, 선천적으로나 본능적으로 요지부동하게 마틴 루터(Martin Luther)와 존 칼빈(John Calvin)의 종교개혁 정신에 투철한 사람입니다. 이러한 모순적인 특성들을 해소하기 위해서 상담을 받으라는 말에 거절하면서도 그와 함께하는 모든 사람들에 의해 정신분석학적으로 해부당하는 사람입니다. 그리고 어떻게 과학 기술에 대해 항상 의심하는 사람이 전 세계에서 읽는 지적인 글들을 블로그에 올릴 수 있습니까? 얼마나 모순된 영혼인지요!

아마도 트루먼의 모순되는 이러한 점들을 '유전자 결정론(genetic determinism)'으로 설명할 수 있으리라 생각됩니다. 그의 아버지는 공인회계사의 자격을 가진 신사였으며, 영국의 자본자계급(부르주아)과 지도층에 대한 업무의 면에서 존경받는 분이었습니다. 그러나 그의 할아버지는 노동자 계층(프롤레타리아)의 노동자들을 위해서 한 군데 이상의 선술집에 들어가 소란을 피우던 노동조합의 지도자였습니다. 분명히 거기에 트루먼의 모순적인 성향에 대한 이유들이 있습니다. 적어도 우리는 우리가 왜 그가 제시하는 방향에 대해 일말의 동정심을 보여야 하는지를 볼 수 있습니다.

나는 트루먼과 함께 런던의 하이게이트(Highgate) 역에서 내려, 자기 무덤을 내려다 보고 있는 칼 마르크스의 거대한 대리석상이 있는 곳으로 갔을 때, 그의 모순적인 정신을 통찰할 수 있었습니다. 나는 마르크스가 진짜 죽었는지를 확인하기 위해 가서는, 석상과 적당히 거리를 두고 그 오른쪽에 조심스레 서서 사진을 찍었습니다. 그러나 트루먼은 그렇게 하지 않았습니다. 그는 "만국의 노동자들이여, 단결하라!"라고 외치고 있는 그 기념비에 편안히 기대어 섰습니다. 안수를 받은 정통 장로교회 목사가 칼(Karl) 동지의 왼쪽에 섰던 것입니다. 그 이후부터 줄곧 나는 트루먼의 이름 첫 글자를 K로, 즉 칼 트루먼(Karl Trueman)이라고 틀리게 쓰고픈 유혹에 빠졌습니다. 그의 나무랄 데 없는 논리가 토론에서는 거의 언제나 치명적이라고 가정하면서, 나는 그의 이름을 칼 마르크스먼(Karl Marxman)이라고 바꾸는 장난도 쳤습니다.

그러나 바로 여기에서 이 추천의 글을 쓰는 위험이 스며들기 시작했습니다. '혹시 내가 그의 책을 읽어야 하기 때문에 읽다가 설득당하는 것은 아닐까?' 하는 생각이 들었습니다. 트루먼의 신랄한 글과 치명적인 논리는 분명 어떤 영향을 줄 것이기 때문이었습니다. 심지어 그는 마르크스의 무덤 주위의 죽은 자들에게도 영향을 끼쳤습니다. 트루먼은 "한 공산주의 동지가 감사를 드리며"와 같은 어리석은 묘비명으로 장식된 묘비석으로나마 마르크스의 무덤 곁에 묻히기를 바랐던 유물론자들의 부조리함을 지적했습니다. 공산주의적 유물론의 단단한 무덤과 소망 없는 종국은 그러한 경의의 행위들을 비논리적일 뿐만 아니라 비극적인 것으로 만들었습니다. 트루먼은 변증법적 유물론자들이 단호히 거부했던 그 부활만이 죽으면서까지 전하고 싶었던 그러한 경의를 의미 있게 만들어 준다고 지적했습니다.

나는 추천의 글을 쓰겠다고 마음먹으면서 나 자신과 약속을 하나 했습니다. 결론을 내리기 전에 "적절히 무례를 무릅쓰고"라는 부분을 쓰겠다고 말입니다. 만일 먼저 트루먼의 설득력 있는 글과 신랄한 논리에 굴복해 버린다면, 그의 정치적 '진보주의'로부터 거리를 두는 데 필요한 에라스무스(Erasmian)의 『우신예찬』(In Praise of Folly) 식의 정신을 유지할 수 없지 않을까 걱정했습니다. 그렇게 해야만, 내가 거세된 보수주의자이자 모순적인 학자의 아첨꾼이 됨으로써 공개적으로 얼굴을 붉히는 당혹스러운 일을 당하더라도 감당할 수 있을 것 같았습니다.

그래서 나는 마음을 모질게 먹기 위해 트루먼이 그리 나쁜 사람은 아니라는 점을 스스로에게 일깨웠습니다. 그가 한없이 지루한 크리켓 경기를 포기하고 월드 시리즈 챔피언 필리스(Phillies, 미국의 메이저리그 야구단)가 있는 도시로 오지 않았습니까? 영국의 아이들이 하는 발야구(즉, 영국의 축구인 풋볼)를 버리고, 진짜 사나이들이 하는 축구(미식축구) 경기를 하는 나라로 오지 않았습니까? 개혁장로교(Reformed Presbyterian)의 지도자였던 존 위더스푼(John Witherspoon)처럼, 영국을 떠나 스코틀랜드 출신의 부인을 데리고 신세계로 오지 않았습니까? 어떻게 내가 이 도전을 받아들이지 않겠습니까? 그는 필라델피아에 있는 웨스트민스터 신학교의 학자였으며, 케임브리지 대학교 안에 있는 세인트 캐더린스(St. Catharine's) 대학에서 신학적 지성을 형성하고 애버딘(Aberdeen)에서 대학원을 졸업한 학자였습니다.

이렇게 정신을 단단히 무장한 다음에야 나는 이 책을 읽기 시작했습니다. 그러면서 나는 우리가 함께 런던의 번힐 필즈(Bunhill Fields)를 돌아보았던 일을 기억했습니다. 그곳은 존 번연(John Bunyan)과 토마스 굿윈(Thomas Goodwin), 올리버 크롬웰(Oliver Cromwell)의 아들, 영국 국교회의 '보수적인' 기득권층의 박해를 받았던 여러 비국교도들이 묻힌 곳입니다. 그곳을 돌아보면서 나는 왜 영국에서 청교도와 '진보주의자'가 역사적으로 밀접하게 연결되었는지를 알게 되었습니다. 영국의 국왕 찰스 1세는 분명 올리버 크롬웰이 영국의 정치적 맥락에서 전혀 보수적인 사람이 아님을 깨달았던 것입니다!

이제 다시 돌아가서, 트루먼의 이 책을 접함으로써 우리가 무엇을 배울 수 있겠습니까? 떠오른 생각들을 정리하기 위해, 딜런이나 제플린이 쓴 것이 아닌 하나의 2행시를 생각해 봅니다.

"순례자들은 그 땅에 사는 사람들이 보지 못하는 것을 본다.
그리고 이방인들은 다른 이들이 하지 않을 말을 한다."

다시 말해, 이 책은 제목이 잘못 붙여졌습니다. 트루먼이 이 책의 곳곳에서 밝히듯이, 만일 그랬다면 이 책의 제목은 '한 늙은 진보적 보수주의자의 고백들' 정도가 되어야 할 것입니다. 혹은 '어리석은 정치에 대하여 낯선 땅에 선 순례자의 비판'이 되는 것이 더 좋을 듯합니다. 현대 미국의 보수주의자들과 마찬가지로, 오늘날의 진보주의자들은 대중적인 신문과 언론 매체의 소용돌이 속에서 공허하고 어리석은 자에 대하여 그가 던지는 이 하소연에서 아무런 위로를 얻지 못할 것입니다. 우리는 여기에서 깊은 소외감에서 나온 정치적 이방인, 아웃사이더, 대서양의 이쪽 편에서는 발견할 수 없는 더 나은 도성에 대한 진리를 사모하는 고독한 사상가의 관점에서 진술된 비판을 만납니다. 그의 전 방위적인 통렬한 비판은 우리의 정치 지형을 지배하고 있는 소중한 정치적 우상들을 풍자합니다.

조용한 선술집에 쳐들어가 소란을 일으키는 멋진 노동조합 지도자의 정신으로, 이 책의 저자는 마르크스나 마르쿠제(Marcuse), 머독(Murdoch)이나 메이저(Major), 글렌 벡(Glenn Beck)이나 오라일리(O'Reilly), 러시 림보(Rush Limbaugh), BBC나 신좌파(New Left)나 보수 우파, 조지 부시(George W. Bush)나 빌 클린턴(Bill Clinton), 심지어 『애국자의 성경』(The Patriot's Bible)까지도 봐주지를 않습니다(감사하게도 저자는 나의 영웅인 조지 워싱턴[George Washington]은 손대지 않고 남겨 두었습니다). 보수적인 장로교인들과 자동차들과 텔레비전들까지도 충격적이고도 탄성을 자아내는 그의 싸움의 대상이 됩니다. 나는 한 사람의 보수주의자이지만, 모든 정치적 측면에서 잘 꾸미고 있는 어리석음의 가면을 트루먼이 벗겨내는 것을 보고서 감탄하며, 경멸과 이견과 더불어 여러 번 웃음을 참을 수 없었습니다.

논객으로 변한 이 역사가는 우승을 노리는 권투 선수가 온 힘을 다해 레프트 잽과 라이트 훅을 날리듯이, 좌파나 우파나 중도파를 휘청거리게 만듭니다. 그렇다고 해서 그가 그 시합에서 이긴다는 뜻은 아닙니다.

그의 대적들이 그의 재치와 말과 강한 공격에 쓰러질 수도 있겠지만, 그렇다고 해서 그가 즉시 이긴다는 뜻은 아닙니다. 빌 오라일리가 때때로 비논리적이고, 글렌 벡이 지혜로운 사람이라기보다는 오히려 무대 위에 선 연기자에 더 가깝긴 하지만, 그렇다고 해서 민간 건강보험과 수정헌법의 권리들의 제약을 피할 수 있는 훌륭한 이유들이 없다는 뜻은 아닙니다. 그러나 나는 작은 총소리에도 놀라는 사람입니다(결국 지금 나는 추천의 글을 쓰고 있습니다). 그러므로 트루먼이 그의 주장에서 언뜻언뜻 내비친 허수아비들을, 그리고 그가 맺는 결론들에 뒤따르는 미묘한 부수적인 이야기들을 논의할 수 있는 좀 더 안전한 장소를 찾게 되기를 기다릴 것입니다.

트루먼의 비판이 가지고 있는 한 가지 문제점을 여기에서 지적하지 않을 수 없습니다. 그것은 "(나는) 또한 어떤 점을 지적하기 위해 노골적으로 과장하는 것에 대해서 전혀 문제 삼지 않습니다. 틀림없이 나도 그런 잘못을 여러 번 저지르기 때문입니다"라는 인정입니다. 이 겸손한 인정은 과연 저자가 자기 책을 읽어 보기나 한 것인가 하는 의문을 남겼습니다! 그러나 무미건조한 정치학 책이기를 거부한 이 순례자의 시도에는 사회적으로 보완적인 가치를 가지고 있습니다.

> "실로 나는 그리스도인들이 정치 과정에 참여할 때 지루한 상투어나 인신공격, 마니교적인 악평이 아니라, 지성과 정중함이 특징적으로 나타나는 그날을 기대합니다."

나는 종말론적인 소망으로, 여러분이 이 책을 읽기를 진심으로 추천합니다. 그러나 이 책을 읽을 때의 위험은 여러분이 감수하기를 바랍니다. 예리하고도 도발적이며 설득력 있는 저자의 글 솜씨와 더불어 그 강렬함이 정치라는 '허영의 시장(Vanity Fair)'을 순례자의 관점에서 바라보도록 만들 것입니다. 여러분도 더 나은 도성을 열망하게 될 수도 있습니다. 그리고 그 도성의 은혜 때문에, 보수주의자 중의 보수인 내가 진보적 보수주의자인 트루먼을 그리스도 안에서 귀중한 형제라 일컬을 수 있음에 감사드립니다.

"이 큰 영예에 매우 감사하오, 칼(Karl). 아니, 칼(Carl)!"

감사의 글

_칼 트루먼(Carl R. Trueman)

　나는 결코 이런 책을 쓰고 싶지 않았습니다. 솔직히 기본적인 논제인 "종교적 보수주의라고 해서 무조건 정치적 보수주의가 되어야 하는 것은 아니다"라는 주장 때문에 내 이메일 수신함에 닥칠 수 있는 비통함은 별로 달갑지 않습니다. 그러나 P&R 출판사의 마빈 패짓(Marvin Padgett)과 이안 톰슨(Ian Thompson)이 그 의견을 가지고 나에게 와서는 내가 그 주제에 대한 글을 쓰기에 적절한 것 같다고 제안했을 때, 그렇게 하지 않는 편이 더 좋겠다고 판단하면서도 그 주제로 책을 쓰겠다고 동의하고 말았습니다. 그러하기에 첫 번째 감사는 그들의 몫이 되어야 할 것입니다. 그다음으로는 이 책이 출판되도록 열심히 수고해 준 P&R 출판사의 직원들에게 감사합니다.

　또 내가 다루고 있는 쟁점들에 대해서 많은 대화를 나누었던 샌디 핀래이슨(Sandy Finlayson)에게도 감사를 전합니다. 같은 이민자로서, 또한 사회적인 급진주의에 종종 개입했던 전통적 고백적 교회 출신으로서 그는 진정 동지 의식을 가지고 있으며, 나와 마찬가지로 정치적 토론을 명료하게 하는 데는 브랜디 한 잔만 한 것이 없다고 믿습니다. 이전에 학생이었던 랍 번즈(Rob Burns)에게도 감사합니다. 급진주의 정치에 대하여 그는 나보다 훨씬 많은 지식을 가지고 있습니다. 그는 이 책을 작업하는 후반기 몇 달 동안 나를 격려한 원천이었으며, 이 책에서 논의된 몇 가지 문제들에 대해 매우 중요한 정보와 자료를 공급해 주었습니다.

교무과의 베키(Bechy)와 레아(Leah), 레베카(Rebecca)에게도 언제나 감사하고 있습니다. 그들은 그들의 상사가 책을 쓸 시간을 가질 수 있도록 사무실을 효율적으로 운영해 주었습니다. 그리고 나에게 연구 휴가를 허락해 준 웨스트민스터 신학교의 이사회에도 감사를 전합니다. 그 휴가 기간의 일부를 이 책을 끝마치는 데 썼습니다. 그리고 나의 사랑하는 아내 캐트리오나(Catriona)와 두 아들 존(John)과 피터(Peter)에게, 아주 행복한 가정을 이루게 해 준 것에 대한 고마움을 전합니다.

끝으로, 웨스트민스터 신학교의 총장인 피터 릴백(Peter A. Lillback)에게 이 책의 추천의 글을 써 준 데 대해 감사를 전합니다. 피터와 나는 정치적 입장이 전혀 다릅니다. 그래서 나는 종종 글로는 우리가 친구도 아니고 동료도 아니라고 말하곤 합니다. 그러나 우리의 우정과 일하는 관계는 아주 놀라울 정도로 협조적입니다. 이 책을 그에게 헌정하는 것이 그의 명성에 흠이 되지 않기를 바라면서, 이 책을 그에게 헌정합니다.

지은이 머리말

이 책에서 나에 대해 많이 이야기할 생각은 없습니다. 실로 보수적 기독교라고 해서 보수적인 정치 성향이나 문화에 대한 보수적 문제의식을 가질 필요는 없다는 이 책의 주제가 저자에 대해 아는 것보다 더 중요하고 흥미롭습니다. 그러나 내가 이 책에서 말하는 관점이나 성향을 이해하기 위해서는 독자들이 나에 대해 조금은 알아야 하리라 생각됩니다.

이 글을 통해 어떤 사람은 내가 사회문제에 대해 동정심이 넘치는 정치적 진보주의자(Liberal, 자유주의자)임을 확인할 뿐일 것이고, 또 어떤 사람은 나를 그저 미국을 이해하지 못하는 또 한 명의 외국인으로 보게 될 뿐일 것입니다. 또 한편 어떤 사람들은 나를 어떤 필연적인 연관성이나 일관성보다는 배배 꼬인 의지로 신학과 정치를 연결하는 일관성 없는 괴짜로 볼 것입니다. 특히 마지막 부류에 속하는 사람은 그런 이유로 나를 '보수적 기독교의 위대한 정치적 대의에 대한 반역자,' 즉 양의 탈을 쓴 늑대로 생각할 수도 있습니다. 그리고 말하기가 좀 이상하지만, 순수하게 좌파에 속한 사람이 이 글을 읽는다면, 아마도 낙태와 동성애자 결혼에 대한 나의 입장을 보건대 결국 진보주의자라고 할 수는 없다고 판단할 것입니다.

모순적이게도, 오늘날 낙태와 동성애자의 결혼은 진정으로 급진적인 목표에 헌신할 수 있는지를 확인하는 시금석으로 사용되고 있습니다. 내가 무슨 말을 할 수 있을까요? 내가 이처럼 복합적으로 이렇게 여러 부류의 사람들을 실망시킬 것이라는 점이 유쾌합니다. 결국 사람은 그 친구들의 수와 질에 의해서만이 아니라 그를 대적하는 사람들의 수와 질에 의해서도 유명해지는 법이기 때문입니다.

내가 이 책을 쓰게 된 일차적인 이유는, 미국에서 복음주의 교회가 보수적 정당 정치와 기독교적 충성을 너무나 밀접하게 연결시킴으로써 복음주의 교회에 속한 많은 사람들, 특히 젊은이들이 교회를 등지는 위험을 초래하게 되었다는 나의 확신 때문입니다. 예를 들어, 낙태라는 쟁점을 공화당과 민주당을 구분하는 명확한 기준으로 사용할 경우에 다른 수많은 정치 주제들에 대한 지적인 논의를 죽여 버릴 가능성이 있습니다. 만일 대부분의 쟁점에 대하여 공화당이냐 민주당이냐 하는 두 가지 선택밖에 없다면, 결국 많은 사람들의 말처럼 기독교 입장에서 투표란 뻔한 것이며, 다른 정책이나 쟁점에 대한 토론도 아무 의미 없을 뿐입니다.

내 경험에 따르면, 그런 태도가 기독교 안에 매우 널리 퍼져 있습니다. 이것은 두 가지 측면의 문제를 가지고 있습니다. 첫째, 그런 태도는 낙태에 대한 공화당의 번지르르한 말과 실천의 차이를 언급하지 못합니다. 종종 그 차이는 공화당과 민주당 사이의 극적이고도 뚜렷한 대비를 의미 없게 만듭니다. 둘째, 그런 태도는 빈곤과 환경, 외교정책 등의 수많은 다른 문제에 대한 토론을 아예 배제해 버립니다. 그리고 그렇게 함으로써 낙태 문제를 상대적으로 가볍게 취급하여 그 문제에 함몰되지 않으려는 젊은 복음주의자들의 반발을 초래하는 위험에 빠집니다. 슬프게도 어떤 영역에서는 이런 일이 이미 진행되고 있다는 증거가 나타나고 있습니다.

그러나 내가 이해하는 한, 이런 태도는 반(反)기독교적입니다. 초대 교회의 변증가들의 말을 인용하자면, 그리스도인들은 가장 뛰어난 시민이 되어야 하며, 그렇게 되기 위해서는 시민으로서 살아가는 데에 영향을 주는 전체 문제들에 대해 잘 알고 사려 깊게 생각해야 합니다. 그러므로 그리스도인으로서 우리는 무엇보다도 정치에 대해 신중하게 생각하고 그 복잡성을 존중하면서 정치 과정과 쟁점들에 동참하고, 상투적인 말이나 지나친 단순화나 선거운동을 악마화하는 마니교(Manichaeism)적인 사고방식을 피해야 합니다.

나는 정치 토론을 즐겼습니다. 젊은 시절, 나는 정치와 사회 운동과 정치적인 글쓰기에 열정을 쏟았습니다. (적어도 오늘날의 관점에서 볼 때는) 모순적이게도, 대처(Margaret Thatcher) 여사의 전성기인 1980년대 중반에 나는 영국의 보수당원이었습니다. 나는 1987년과 1992년에 토리당(Tory Party, 17세기 후반에 생긴 영국의 보수 정당)에게 투표했습니다. 그 이유는 간단합니다. (악명 높은 전투적 성향을 가진) 급진적 트로츠키(Trotsky) 성향에 물든 노동당에서 권력을 빼앗기 위해서는 토리당이 가장 희망적이라고 보았기 때문입니다. 1980년대 후반에 노동당에서 그러한 성향이 제거되기는 했지만, 오히려 노동당은 형편없어지고 정부를 운영하기 어렵게 되었습니다. 또한 나는 가족에 관한 가치에서부터 교육을 구현하는 가치에 이르기까지 전통적인 가치를 보호하는 데 토리당이 가장 좋은 길을 제공한다고 생각했습니다. 그러다가 1997년에 나는 중도 입장에 속하는 자유민주당으로 옮겨 갔는데, 아마 영국에서는 중도 좌파 정도에 해당할 것입니다. 그리고 지금도 기본적으로 그 입장을 견지하고 있습니다.

내가 당적을 옮긴 이유는 간단합니다. 보수당이 지배한 지 18년이 지난 이후 존 메이저(John Major) 정부의 부패가 모든 사람이 볼 수 있을 만큼 명백히 드러났기 때문입니다. 그럴 때는 한 차례 권력 없이 지내는 것이 정치적인 오만과 안일함, 부패를 시정하는 가장 좋은 방법이라고 나는 지금도 굳게 믿고 있습니다. 그렇지만 나의 입장 변화가 단순히 민주주의에서 정당 정치의 실용성을 찾기 위함은 아니었습니다. 나는 한 가지 일반적인 깨달음에 이르게 되었습니다. 즉, 지금 대처 수상이 명백히 더 이상 생명력이 없는 조치를 취함으로써 정치적인 균형을 깨뜨렸다는 것입니다. 대처 수상은 자유시장경제를 전통 가치들과 결합시키고, 이 두 입장을 지지하는 사람들의 동맹을 바탕으로 선거에서 이길 수 있는 당(黨)을 세웠습니다. 그러나 내가 이 책의 뒷부분에서 주장하듯이, 그런 동맹은 언제나 근본적으로 불안정하며, 장기적으로 유지되기가 어렵습니다.

나의 좌파 경향은 중국에서 일어난, 아니 오히려 중국에서 일어나지 못한 한 사건으로 말미암아 더욱 확실하고 견고해졌습니다. 홍콩은 1997년까지 영국의 식민지였다가 임대(조차) 기간이 만료되어 중국에 반환되었습니다. 홍콩의 마지막 총독은 대처 정부에서 이전에 수상을 역임한 크리스 패튼(Chris Patten)이었습니다. 그는 영국의 통치 아래 홍콩이 누렸던 민주제도와 자유를 가능한 한 많이 유지할 수 있도록 하기 위해 홍콩에서 시간을 보냈습니다. 그러나 사실 그것은 처음부터 어려운 일이었습니다. 중국은 문화적, 경제적 이유로 홍콩을 반환받는 일에만 관심을 기울일 뿐, 홍콩에서 시행되고 있었던 서구식 민주주의를 유지할 뜻이 전혀 없었습니다.

홍콩이 반환된 이후에 패튼은 회고록을 썼습니다. 그리고 그의 책은 하퍼콜린스(HarperCollins) 출판사에서 출간될 예정이었습니다. 그러나 출판사의 소유주인 루퍼트 머독(Rupert Murdoch)이 개입하면서 패튼의 회고록은 출간되지 못한 채 묻혀 버렸습니다. 아마도 머독이 그 책을 출간함으로써 중국에서 펼치는 자기의 사업이 피해를 입을 수도 있다고 판단했기 때문인 것 같습니다. 패튼이 그의 회고록에서 권력 이양을 준비하는 과정에 중국이 어떤 식으로 행동했는지를 밝히고 있기 때

문입니다.[1]

이 일이 젊은 보수주의자에게 준 충격을 이해하려면, 1970년대와 1980년대 유럽을 배경으로 성장한다는 것이 어떤 의미였는지, 그리고 그 가운데 루퍼트 머독이 어떤 역할을 하고 있었는지를 어느 정도 이해해야 합니다. 당시 소련(Soviet Union)은 거대해 보였습니다. 결코 급박하게 닥쳐오지는 않았지만, 핵 전쟁에 대한 공포가 언제나 뒤편에서 어른거리고 있었습니다. 철의 장막(Iron Curtain) 안에서 벌어지는 자유에 대한 제약이 우리에게까지 닥칠 것만 같았습니다. 이러한 상황 가운데 대처 수상의 대담한 반공주의는 중요했습니다. 또한 머독 프레스는 선데이 타임즈(Sunday Times)의 편집장이었던 앤드류 니일(Andrew Neill) 등의 사람들을 통해 언론의 자유를 요구하고 있었으며, 이것은 국내외의 전체주의적 정치가들에 대해 맹렬히 반대하는 목소리와 결합하여 자유에 대한 의미심장한 입장을 대변하는 것처럼 보였습니다.

그러다가 하퍼콜린스 출판사가 (그 소유주인 머독의 요청이었을) 패튼의 회고록 출간을 중단했을 때 이 모든 입장이 바뀌었습니다. 공산주의와 전체주의에 대한 위대한 반대자가 돌연 자유와 언론의 자유를 전혀 수호하지 않는 듯 보였습니다. 사실상 머독은 이상주의자가 아니라 사업상의 거래에 민감한 기회주의자에 더 가까운 듯했습니다. 또한 중국에 대한 그의 조치는 이전에 소련을 반대했던 그의 입장에 대해서도

---

[1] 다음을 참고하십시오. http://news.bbc.co.uk/2/hi/world/analysis/61122.stm. 2010년 1월 19일 접속.

의심을 불러 일으켰습니다. 과거에 그가 자유를 제약하는 일들에 대해 반대했던 것일까요? 소련이 머독이 만든 상품에 대해 시장을 개방하지 않았기 때문에 반대한 것은 아니었을까요?

이런 이야기를 처음 듣는 독자들이 많을 것입니다. 아마도 이런 이야기는 미국의 그 어느 뉴스에서도 보도되지 못했을 것입니다. 그러나 나에게는 이 일이 찬물을 끼얹는 것과 같았습니다. 머독은 하퍼콜린스 출판사뿐만 아니라 미국의 많은 보수적인 그리스도인들이 선호하는 채널인 폭스 뉴스(Fox News)의 소유주이기도 합니다. 이 채널에 대해서도 곧 다룰 것입니다(3장 참고).

다음으로, 2001년 미국으로 이주해 오면서 나의 정치적 입장이 변화하게 되었습니다. 아무리 좋은 때라 할지라도 이민은 눈이 핑핑 돌아가는 혼란스러운 경험일 수밖에 없습니다. 미국과 영국이 (대략) 같은 언어를 사용한다는 사실도 이 혼란스러움을 해소하지는 못합니다. 사실 어떤 면에서는 그것이 더 큰 혼란을 불러오기도 합니다. 새로 이주해 온 나라의 모든 것이 이전에 살던 나라와 비슷할 것이라는 이민자로서의 소박한 기대가 오히려 더 큰 벽에 부딪치는 것처럼 느껴지기 때문입니다.

나는 1996년에도 6개월 동안 미국에서 살았습니다. 그래서 전형적인 여행객보다는 이 문화에 조금 더 친숙했습니다. 그러나 여전히 나는 (분사식 캔에서 뿜어져 나오는 치즈와 같이) 역겨운 것과 (그리 비싸지 않은 레스토랑 식사와 같이) 유쾌한 것, 그리고 그 중간에 있는 모든 것의 차이를 잘 몰랐습니다. 특히 철학적 시각에서 내 눈에 가장 잘 띄는 사실은, 내가 갑자기 좌파가 되어 있었다는 것이었습니다. 나는 언제나 내가 정치 이념의 중간에 있으면서 때로는 약간 오른쪽으로도 갔다가 약간 왼쪽으로도 갔다가 한다고 생각했습니다. 절대 위험할 정도로 표준에서 벗어나거나 정권이나 체제를 무너뜨리려는 견해를 가진 급진주의자(radical)는 아니라고 생각해 왔습니다. 그러나 나는 온건한 사람이라는 이미지에서 급격하게 벗어나게 되었습니다.

미국에서 지내기 시작하여 몇 주일이 지난 어느 날, 예배를 마친 후 한 친구와 커피를 마시면서 대화하다가 지나가는 말로 클린턴 부부가 얼스터(Ulster)에서 했던 좋은 일을 언급했습니다. 그러나 차라리 살인광 잭(Jack the Ripper)[2]이 여자와 아이들을 위해서 런던의 거리를 안전하게 만드는 데 도움을 주었다고 말하는 편이 더 나을 뻔했습니다. 나는 그 친구에게 꼬박 40분 동안 "빌 클린턴(Bill Cliton)과 힐러리 클린턴(Hillary Cliton)의 진실"에 대한 강의를 들어야 했습니다. 그러고는 클린턴 부부가 세계 정치사에서 히틀러(Hitler), 스탈린(Stalin), 폴 포트(Pol Pot) 다음으로 가장 위험하고 악독한 지도자들이었다는 사실에 대해 조금도 의심할 수 없을 정도가 되고 나서야 겨우 거기서 나올 수 있었습니다.

나는 중요한 교훈을 하나 얻었습니다. 즉, 미국의 정치가 선과 악의

---

[2] 역자주 – 1888년에 영국 런던에서 적어도 5명의 윤락 여성을 살해한 것으로 추정되는 인물입니다.

싸움을 주장하는 마니교적이라는 사실입니다. 마치 1940년대에 적은 예산으로 만들어진 이류 서부영화에서 그려지는 것처럼, 흰 모자를 썼기 때문에 착한 사람이고 검은 모자를 썼기 때문에 나쁜 사람으로 두드러진다는 식입니다. 악당들이 한편으로 행하는 선행은 단지 다른 한편에서 행하는 진짜 악행을 감추기 위한 영악한 책략일 뿐이며, 그래서 나처럼 어리석은 외국인들은 우리가 맞서고 있는 그 모략의 깊이를 도무지 식별할 수 없다는 것입니다.

이 작은 책은 다음과 같은 두 가지 사실을 배경으로 저술되었습니다. 첫째, 내가 우파에 대해 환멸을 느끼고 정치적으로 중간 입장으로 이동했다는 것입니다. 이때 영국의 상황에서 중간 입장이란, 미국인에게는 '좌파'이며, 우고 차베스(Hugo Chávez, 베네수엘라 대통령)에게는 '우파'의 입장입니다. 둘째, 우파든 좌파든 특정한 정치적 입장을 기독교적 입장과 동일시하는 것은 여러 가지 이유에서 문제가 많다는 것입니다. 나의 직접적인 관심은 대부분 우파에 속한 종교인에게 있습니다. 바로 미국이 내가 받아들인 정황이고, 종교적 우파가 그 문제를 가장 직접적으로 안고 있는 대상이기 때문입니다. 그러나 또한 복음에 대한 충성을 좌파나 중간 입장과 동일시하는 것도 문제입니다. 복음은 어떤 분파적 정치 입장과 동일시되어서는 안 됩니다.

한 사람의 외국인으로서 나는 미국에서 분류하는 것처럼 종교 정치의 지평을 단순화하는 데 반대합니다. 낙태와 동성애자 결혼을 반대하는 사람으로서 나는 좌파에게 거의 환영받을 수 없을 것입니다. 총기 규제와 전 국민 건강보험을 선호하는 내가 카토 인스티튜트(Cato Institute, 미국의 자유주의자들의 연구소)의 명예 회원이 될 수 있을지도 의심스럽습니다.

정치적으로 다양한 성향을 가진 작가들과 사상가들이 있습니다. 윌리엄 해즐릿(William Hazlitt), 조지 오웰(George Orwell), 아서 쾨슬러(Arthur Koestler), 에드워드 사이드(Edward Said), 알렉산드르 솔제니친(Aleksandr Solzhenitsyn), 테리 이글턴(Terry Eagleton), 내트 헨토프(Nat Hentoff), P. J. 오루키(P. J. O'Rourke), 크리스토퍼 히친스(Christopher Hitchens), 존 루카스(John Lukacs), 찰스 무어(Charles Moore), 로저 스크러튼(Roger Scruton) 등의 작가들은 좌파와 우파에 골고루 분포해 있습니다. 나는 그들의 글을 즐겨 읽고, 그들 모두에게서 많은 유익을 얻었습니다. 나에게 특히 중요한 글들은 조지 오웰의 글들과 아서 쾨슬러의 대작『한낮의 어둠』(*Darkness at Noon*)이었습니다. 그 작품들은 전체주의적 사고의 심리를 폭로하고, 자유주의 사회의 기본인 언론의 자유가 왜 반드시 필요한지를 지적합니다. 이 작가들의 공통점을 꼽으라면, 어떤 독립적인 급진성을 들 수 있을 것입니다. 그들 중 어느 한 사람도 자신이 선택한 정치적 입장의 틀에 매여 있지 않습니다. 그들의 글들은 진부하지도 않고, 개념 없이 한쪽으로만 치우치지도 않으며, 간단한 이야기만 계속 반복하지도 않고, 상투적인 말만 늘어놓지도 않으며, 독자적으로 생각하고 있음을 보여 줍니다. 이어지는 장에서 나는 내가 선택한 입장, 즉 미국 개신교의 보수적인 종교 세계에 관하여 이러한 작가들의 입장에서 보려고 시도하였습니다.

  각 장들은 상당 부분 서로 관련이 있긴 하지만, 특별히 연속적으로 이어진 주장을 써 놓은 것은 아닙니다. 그저 미국의 상황 가운데서 나 자신이 보는 기독교와 정치의 관계에 대한 성찰로서, 각각 따로 읽을 수 있습니다. 나는 정치적 상황이 종교적으로 우파에 속한 지도자들이나 믿지 않는 세계의 좌파에 대한 반대자들이 만들려고 하는 것처럼 그리 단순하지 않음을 보여 주고자 합니다. 실로 이 책의 전반적인 논지는 정치적인 것이 아닙니다. 오히려 "민주주의 정치는 정당이나 목사님이 말하는 것보다 훨씬 더 복잡하다. 따라서 정치를 있는 그대로 대하고, 각 쟁점에 대해 배우고, 스스로 생각하라"라는 말로 요약할 수 있을 것입니다. 그러하기에 이 작은 책을 쓰기에는 철학자보다는 훈련된 역사가가 더 적합합니다. 역사를 전공한 훌륭한 나의 친구들이 종종 말하듯이, 역사가의 의무는 일을 더 복잡하게 만드는 것일지도 모릅니다.

  신학만큼이나 정치를 중요하게 여기는 철저하게 보수적인 그리스도인들이 보기에 이 책은 틀림없이 좌파 선전용 소책자처럼 보일 것입니다. 그러나 자신의 종교적 신념과 정치적 입장 간의 연관성을 이해하지 못하여 혼동에 빠진 정치적 진보주의자에게는 특별한 호소력이 있으리라 확신합니다. 그런 것에 대해 분명히 실망하게 될 것입니다. 그리고 (그럴 리는 없겠지만 혹시) 이 책을 읽어 보게 될 좌파의 불신자도 마찬가지일 것입니다. 그들이 보기에 나는 안타깝게도 환경이나 빈곤

문제에 관심을 가지고 있으면서도 낙태와 관련해서는 여성의 권리에 반대하고, 동성애자 결혼 문제와 관련해서는 소수자를 억압하는, 일관성 없는 사람으로 비춰질 것입니다. 그들이 보기에 나는 좌파에 속하지도 않고 그저 우파에 속해 있으면서 일관성 없는 괴팍한 사람일 것입니다. 그러나 나는 내가 그 어느 쪽의 해석보다 좀 더 복합적이고 혼동에 덜 빠진 사람이기를 바랍니다. 물론 그것은 독자가 결정할 문제입니다.

진보 보수 기독교인

REPUBLOCRAT
: confessions of a liberal conservative

1장
버려지다

    이 책의 첫 장을 '오늘날 좌파가 길을 잃고서 가까스로 지지를 받고 있다'는 주장에 할애하는 것이 적절할 듯합니다. 그리고 그렇게 하는 것이 이 책 전체가 단지 우파를 반대하는 통렬한 비난이 아닐까 우려하는 사람들에게 적어도 잠시 안도감을 줄 것입니다. 그러나 이 책은 한 정당을 지지하기 위해서 쓴 것도 아니고, 어떤 정치 철학에 반대하고 다른 정치 철학을 옹호하기 위해서 쓴 것도 아닙니다. 오히려 이 책은 훨씬 더 복잡한 상황을 보자는 호소이지, 종종 기독교 안에서 일어나는 것과 같은 흑백논리가 아닙니다.

  이번 장에서는 정치적 쟁점들에 대한 나의 접근 방법의 배경을 다루려고 합니다. 한 사람의 그리스도인으로서, 나는 내가 중요하다고 여기는 많은 가치들이 소위 구식의, 거의 중도에 가까운 좌파의 본래 관점으로 구현되었다고 생각합니다. 슬프게도 빈곤, 위생, 주택 문제, 실업, 기아 등 내가 중요하게 여기는 정치 쟁점들이 1950년대 이후부터 좌파의 새로운 관심사가 부각되면서 퇴색해 버렸습니다. 내 생각에 그러한 새로운 관심사들은 좌파가 지향하는 사회자유주의(social liberalism)나 기회 균등에 대한 열망과는 거의 상관이 없습니다. 특별한 이해 집단들이 좌파를 강탈해 갔습니다. 그리하여 좌파가 진짜 위해야 할 사람들에 대해서는 심지어 우파보다도 관심을 덜 기울이고 있는 실정입니다. 결국 나 같은 사람이 붙들 만한 정치적 입지가 사라져 버렸습니다. 쉽게 말하자면, 우리는 버려졌습니다.

구(舊) 좌파의 간략한 역사

정치 운동사를 잠깐이라도 훑어본 사람이라면, 오늘날의 좌파가 19세기의 좌파를 거의 또는 전혀 닮지 않았음을 알 수 있을 것입니다. 유럽에서 정치적 좌파는 산업혁명을 둘러싼 급격한 사회 변화에 대한 대응으로 등장했습니다. 영국을 비롯한 여러 지역에서 공장과 제조업이 경제의 중심이 되면서 도시 인구가 기하급수적으로 증가했으며, 노동력이 확장되면서 불가피하게 땅을 기반으로 한 지주 귀족들과 새로운 공장 소유주들, 상인들과 그 모든 일이 이루어질 수 있도록 노동력을 제공하는 노동자들 사이에 갈등이 일어났습니다. 도시마다 빈민가가 늘고, 아동의 노동이 문제가 되고, 도처에서 빈곤과 노역이 눈에 띄게 드러났습니다. 농촌 지역도 영향을 받지 않을 수 없었습니다. 인구와 경제가 도시의 산업 중심지로 이동하면서 농촌 지역에 남아 있던 농민들에게 부정적인 영향을 미쳤습니다.

이러한 배경은 좌파가 등장하는 데 크게 기여했습니다. 19세기 영국에서는 산업혁명을 통하여 그 시대의 가장 중요한 몇 가지 법들이 제정되었습니다. 이 사실은 전통적인 귀족층에 속하지 않았던 사람들의 힘이 점차 커지고 있음을 증언합니다. 당시까지 전통 귀족층은 사실상 정치 권력을 독점하고 있었습니다. 1824, 25년에 영국 의회는 결사금지법(Combination Acts)을 철회하여 효과적으로 노동조합 조직을 합법화했습니다. 그리고 1832년에는 개혁 법안(Reform Act)이 확대되었습니다. 그러나 참정권을 보편화하지는 않았습니다. 이러한 운동들은 어떤 면에서 하찮은 것이지만, 영국이 서서히, 그러나 확실히 오늘날 우리가 현대 민주국가라고 간주하는 형태로 나아가고 있었음을 명확하게 보여 줍니다. 그리고 더 중요하게는 사회가 이전에는 결코 상상할 수 없었던 방식으로 변하고 있다는 것을 권력자들이 인정할 수밖에 없게 되었음을 명확하게 보여 줍니다. 노동조합들과 조직화된 노동은 19세기 노동자들의 수요가 늘어나고 있는 현실에 대한 일종의 대답이었습니다.

다른 한편 여러 사회 철학자들은 새로운 사회 형태와 당시 발생하고 있는 급격한 변화들 때문에 빈곤층에게 생겨나는 문제점들을 해소하기 위해 다양한 정치 철학과 경제 철학들을 발표했습니다. 이러한 철학적 제안들이 얼마나 급진적이냐 하는 것은 다양했습니다. 그러므로 이러한 대응들을 몽땅 '좌파'라는 말로 규정할 수는 없습니다. 스코틀랜드 교회의 복음주의 분파의 지도자였던 젊은 목회자 토마스 찰머스(Thomas Chalmers)는, 그가 담당하고 있던 글래스고(Glasgow)의 교구에서 알게 된 빈민가 때문에 큰 충격을 받았습니다. 찰머스가 그런 상황에 대응하면서 교구 심방과 봉사 제도가 등장하게 되었습니다. 그러나 찰머스는 열렬한 토리 지지자였습니다. 마치 제인 오스틴(Jane Austen)의 소설에 등장하는 주인공 엠마(Emma)처럼, 가난한 사람들에 대한 그의 관심은 '노블레스 오블리주(Nobless Oblige, 높은 신분에 뒤따르는 정신적, 도덕적 의무)'와 부성애에 의해 움직였습니다.

한편 그 문제에 대해 더욱 급진적으로 접근하는 사람들도 있었습니다. 산업화의 문제점들에 대한 급진적인 대응들 가운데서 가장 유명한 것이 칼 마르크스(Karl Marx)의 저술입니다. 독일에서 태어난 유태인인 마르크스는 헤겔(G. W. F. Hegel)의 저작에서 비롯된 철학에 매우 큰 영향을 받았습니다. 헤겔은 역사 전체가 변증법적 긴장의 대전개로 이해되어야 한다고 주장했습니다. 그러나 헤겔이 이 전개를 지적 또는 영적인 맥락에서 보았다면, 마르크스는 헤겔의 생각의 방향을 바꾸어 역사의 동력을 물질에 뿌리박았으며, 특히 자본 운동과 이에 연결된 권력 관계로 바꾸어 버렸습니다.

마르크스가 볼 때, 역사는 몇 가지 단계를 거쳐 발전합니다. 먼저 농업 중심의 봉건제에서부터 자본가계급(bourgeoisie)이 다스리는 시대를 거쳐 미래의 유토피아(Utopia, 이상향) 단계로 진입합니다. 봉건제 시대에는 귀족층이 권력을 장악하고 사회 계층의 꼭대기에 앉았습니다. 자본주의 시대에는 권력이 생산 수단(공장)과 분배 수단(판매업자)과 자본(은행가)을 소유한 자본가계급의 손에 넘어가고, 미래의 유토피아 시대에는 노동자들이 자기가 수고한 결과들을 통제하게 될 것이라고 보았습니다. 사회관계들의 발전의 맥락에서 바로 이 역사의 정점에 종국이 올 것입니다. 이러한 전체 도식은 피할 수 없습니다. 결국 노동자들이 승리할 것입니다.

마르크스 이론이 지닌 많은 오류들은, 지난 세기 동안 학자들의 비판을 통해서, 더 잔인하게는 마르크스 이론이 실행되었을 때 본질적으로 나타날 수밖에 없는 경제의 실패, 전체주의, 수용소 등을 통해서 수없이 드러났습니다. 그러나 마르크스 이론은 우리에게 매우 흥미롭습니다. 그 이론들은 비록 역사의 추동력으로서 계급 투쟁의 현장에서는 매우 급진적이었지만, 적어도 좌파가 발생할 당시에 중요하게 여겼던 것이 무엇이었는지에 대해서는 훌륭하게 시사해 주기 때문입니다.

1960년대에 등장한 '신좌파(New Left)'와는 대조적으로 '구좌파(Old Left)'에 해당하는 마르크스의 주요 관심사는 '압제'였습니다. 즉, '사람들이 어떻게 압제를 당하고 있으며, 그 압제를 어떻게 처리하고 없앨 수 있는가?' 하는 것이 그의 주요 관심사였습니다. 마르크스는 역사에 그 답이 있다고 보았습니다. 마침내 혁명이 일어날 것이고, 노동자 계층이 중산층을 권력에서 밀어낼 것이라고 보았습니다. 좌파에 속했던 또 다른 사람들은 노동조합, 정당, 참정권 확대, 복지국가 등 좀 더 합법적인 수단을 채택할 필요가 있다고 보았습니다. 이 모든 것이 압제 문제를 해결하는 데 사용될 수 있었습니다. 제안된 해결책들이 다양한 만큼 상황에 대한 분석도 다양했습니다. 그러나 이 모든 것에는 기본적인 공통점이 하나 있었습니다. 그들은 압제를 우선적인 경제적 문제요 경험적으로 관찰할 수 있는 것으로 보았습니다. 어떤 사람들은 다른 사람들보다 더 소유한 반면, 어떤 사람들은 재화를 누리지 못하거나 내실 있는 생활을 영위하게 해 줄 노동조건을 갖추지 못했습니다. 좌파에 속하는 다양한 운동들이 해결하고 싶어했던 문제가 바로 이것이었습니다. 철학자들은 다양했지만, 경제적 빈곤이라는 문제에 대해서는 기본적으로 일치되는 입장을 취했습니다.

지성인들과 마르크스주의의 이상한 연애

20세기를 되돌아볼 때, 참으로 당혹스럽게도 얼마나 많은 서구 자유민주주의 출신의 지성인들이 마르크스주의의 약속과 미사여구에 우롱당했는지 모릅니다. 그러나 당시의 상황을 살펴보면 이 점을 잘 이해할 수 있을 것입니다. 역사의 진행 가운데 1917년에 러시아 혁명이 일어나면서 공산주의가 인기를 끌게 되었습니다. 러시아 혁명은 적어도 레닌주의(Leninism) 형태로 수정된 마르크스주의가 "실제로 역사를 움직이는 것이 무엇이냐?"는 질문에 올바르게 대답했음을 시사해 주는 것 같았습니다. 혁명이 산업사회가 아니라 농업사회에서 시작되었다는 사실은 실로 이상했습니다. 그래서 혁명 이론가였던 레닌(Lenin)과 트로츠키(Trotsky)는 마르크스 이론을 일부 수정할 수밖에 없었습니다. 그러나 그 이후 수십 년 동안 계속된 러시아의 급격한 산업화는 그 경쟁자였던 사회주의와 자본주의의 명분보다 마르크스주의가 더 우월함을 입증해 주는 것처럼 보였습니다. 소련의 산업화가 인명의 희생이라는 끔찍한 대가를 치렀다는 사실은 나중에야 널리 알려졌습니다.

이런 점에서 마르크스주의가 좌파의 마음을 끌 수 있었던 두 번째 요소는, 역설적이게도 파시즘(Fascism)과 나치즘(Nazism)의 등장이었습니다. 1930년대를 보면, 조지 버나드 쇼(George Bernard Shaw), 아서 쾨슬러, H. G. 웰스(H. G. Wells), 스티븐 스펜더(Stephen Spender) 등 얼마나 많은 지성인들이 소련의 이념(ideologie)에 빠져 들었는지, 정신이 아찔할 정도입니다. 쾨슬러와 스펜더를 포함한 이 지성인들 중 어떤 이들은 나중에 그 신념을 철회하고 그에 대해 맹렬하게 반대하는 글을 썼습니다. 1956년 이후, 1968년과 1989년 이후에는 마르크스주의에 전념하는 것이 매우 이상하게 여겨집니다. 그러나 1930년대에는 레닌과 스탈린이 저지른 학살이 어느 정도였는지 충분히 알려지지 않아서, 공산주의만이 무솔리니(Mussolini), 히틀러, 프랑코(Franco, 스페인의 독재자), 코드레아누(Codreanu, 20세기 초 루마니아의 극우파 정치인) 등의 극우파에 대해 맹렬하고도 설득력 있는 대척점을 제공하는 것처럼 보였습니다. 파시즘과 공산주의는 일종의 악의 공생체처럼 함께 성장했습니다. 나치즘에 반대하는 사람들에게 마르크스주의는 최후이자 최상의 희망을 제공하는 것처럼 보였습니다. 물론 1939년에 독·소 불가침조약(the Nazi-Soviet Pact)이 체결될 때까지 말입니다. 1956년에 헝가리가 독립한 이후에도 많은 사람들이 마르크스주의의 환상에 매달렸습니다. 그러나 이것은 사실은 아예 무시한 채 낭만적인 환상을 달라는 슬픈 사례였습니다.

성공과 실패 - 재정립의 길

마르크스주의의 좁은 굴레를 넘어 20세기 초반의 영국의 역사는 정치 및 경제적 억압이라는 구좌파의 쟁점들과 관련해서 좌파가 성공하는 것을 많이 목도했습니다. 1928년에 여성에게 참정권(투표권)이 주어졌으며, 20세기 초반 이십 년을 장악했던 진보주의 정부에 의해 복지국가의 토대가 놓이게 되었습니다. 그리고 1945년에 클레멘트 애틀리(Clement Attlee)의 노동당 정부가 집권하는 동안 전 국민 건강보험을 도입함으로써 만개했습니다.

정부의 건강보험 정책에 대해 반사적으로 반대하는 사람들에게 내가 바로 그러한 정책 덕분에 존재하게 된 사람임을 밝히고 싶습니다. 그 제도는 기본적으로 나의 외할아버지와 외할머니에게 건강보험을 제공했습니다. 그렇지 않았다면 건강보험의 혜택을 누리지 못했을 것입니다. 덧붙이자면, 그분들은 어떤 보수적 정치 비평가들이 즐겨 쓰는 말로 '복지 혜택이나 긁어 가는 사람들'과는 거리가 멀었습니다. 외할아버지는 공장에서 일하셨고, 외할머니는 마룻바닥을 청소하는 일을 하셨습니다. 그들은 빚에 쪼들리지는 않았지만 가난했습니다. 열심히 일했으나 가난했습니다. 1940년대와 1950년대 초의 세계에서는 온건한 복지 정책을 펼치는 혼합 경제 형태가 그런 가난을 완화하는 가장 좋은 길로 여겨졌습니다.

이처럼 20세기 초반의 세계가 일종의 사회주의 형태를 미래의 흐름으로 바라보았다면, 후반의 세계는 그런 생각이 거짓이라고 비판했습니다. 일련의 위기들은 의문의 여지 없이 극좌파에게 전체주의적인 공산주의의 사악한 효과들을 입증해 주었습니다. 몇 가지 예를 들어 봅시다. 스탈린의 소련의 집단 수용소, 헝가리 혁명 및 '프라하의 봄'(Prague Spring, 1968년 체코에서 일어난 민주화 운동)에 대한 진압, 중국의 문화 혁명, 캄보디아의 킬링필드(killing field) 등은, 유토피아에 대한 추구가 종종 어떻게 피로 물드는 악몽으로 끝나는지를 보여 주고, 좌파가 가장 깊은 관심을 기울인다는 빈곤층과 압제당하는 사람들이 바로 그 희생자가 된다는 것을 보여 주었습니다. 소련의 붕괴와 특히 베를린 장벽이 무너진 일로 상징된 그 위성 국가들의 붕괴는 적어도 소련 양식의 공산주의 실험이 끝장났음을 보여 주었습니다. 쿠바가 지지부진해지고, 중국이 상당히 다른 길을 선택하면서 고전적인 형태의 주류 공산주의는 종언을 고했습니다.

동유럽의 전체주의 정권들 가운데서 강경 좌파들이 혼란에 빠져 있는 동안, 서유럽의 강경 좌파 지성인들 역시 변화를 겪었습니다. 앞서 나는 좌파가 다양한 성향과 경제 쟁점들을 가지고 있으면서도 근본적으로 무엇이 압제의 일차적 형태를 구성하는지에 대해서는 의견이 일치하였다고 지적했습니다. 압제의 일차적인 형태는 경제적인 것으로서, 어떤 사람들이 다른 사람들에게 결핍되어 있는, 삶의 질에 관한 중요한 것들을 장악하고 있다는 사실과 연결되어 있습니다. 예를 들면, 맑은 물이 흐르는 시냇물을 소유하고 있는 존 도우(John Doe)가 자기의 샘물에 울타리를 쳐서 프레드 블록스(Fred Bloggs)와 그의 가족이 그 샘에 접근하지 못하도록 막았다거나, 피터 스미스(Peter Smith)가 자기 농장의 사과를 극빈자들이 지불할 수 없는 비싼 가격에 판매하겠다고 고집했다거나 하는 식입니다.

그러나 1950년대에 이르자 상당수의 좌파 지성인들이 오랫동안 기다려 왔던 세계 혁명은 아마도 일어나지 않을 것이며, 이미 일어난 혁명들마저도 기대한 것처럼 명확한 유토피아를 가져오지 못했다는 사실이 분명해지기 시작했습니다. 이와 더불어 제2차 세계대전 이후 19세기 서유럽 제국들이 몰락하고 이전의 제국의 식민지들 안에서 민족주의 운동이 일어나면서 새로운 차원의 해방 개념이 등장하였습니다. 예를 들어, 경제와 마찬가지로 민족성(ethnicity)이라는 개념이 그 역할을 하기 시작했습니다. 돌이켜 보건대, 민족성은 언제나 존재하고 있던 한 가지 요소였으며, 심지어 공산주의 혁명들 가운데서조차도 경제적인 계급보다 훨씬 더 중요한 요소였을 것입니다. 그러나 이제 민족 해방 운동이 명확하게 좌파의 이념과 연결되었습니다. 그중에서도 남아프리카 공화국의 사회 정책인 '아파르트헤이트(apartheid, 유색 인종에게 불리한 인종 분리와 정치 및 경제 면에서의 차별 정책)'에 반대하는 운동이 가장 잘 알려져 있을 것입니다. 어떤 면에서 이것은 기이한 진행입니다. 그것은 압제를 순전히 경제적인 맥락에서 바라보는 시각이 미묘하게 변화했음을 보여 줍니다(물론 민족 간의 압제에는 전형적으로 경제적 압제가 포함됩니다). 더욱이 그것은 명백하게 국수주의적이며 민족주의적인 이해관계와 더불어 이전의 우익 운동들과도 어떤 유사성을 보여 주었습니다.

마르크스와 프로이드의 만남 – 압제의 얼굴이 변하다

실천적 측면에서 민족주의와 좌파의 동맹에 덧붙여, 훨씬 더 의미심장한 동맹이 지적인 측면에서 일어나고 있었습니다. 1950년대와 1960년대에는 프랑크푸르트 학파(Frankfurter Schule, 주창자들이 주로 당시 서독에 있었던 마인[Main]의 프랑크푸르트 대학교 사회연구소에 기반을 두고 있었기 때문에 붙여진 이름입니다)로 알려진 지식인 집단과 관련해서 등장한 상당수의 마르크스주의 문화비평가들의 작업이 뿌리를 내리기 시작했습니다. 프랑크푸르트 학파는 소위 '비판 이론'의 발전에 중요한 역할을 했습니다. 비판 이론은 서구 자유 민주주의와 소련의 스탈린주의 둘 다에 대한 대안을 제공하는 방식으로 마르크스를 기초로 한 사회 변화의 미래를 표명하고자 시도했습니다. 좌파의 대중정치에서는 융합이 중요한 요소가 되었습니다. 즉, 프랑크푸르트 학파의 몇몇 지도자들, 특히 허버트 마르쿠제(Herbert Marcuse)가 고전적인 마르크스주의와 프로이드(Freud) 이론을 연결시킴으로써 이룬 융합이 부각되었습니다.

마르쿠제와 그 추종자들은 마르크스가 말한 경제 영역에서의 압제를 프로이드가 말한 정신분석 영역에서의 압제로 보완하면서, 압제의 전반적인 개념을 심리 영역에까지 효과적으로 확대하였습니다. 그러한 변화는 한 사람이 정치를 바라보는 방식이 극적으로 바뀌었다는 것을 의미합니다. 간단히 말해서, 압제는 단지 외적 경제 조건과 관계들의 맥락에서 경험적으로 측정될 수 있는 대상이 아니라 사회관계들의 심리적 문제와 같이 훨씬 더 파악하기 힘든 것이 되었습니다.

특별히 마르쿠제는 상업주의와 물질적 재화의 획득이 개인에게 미치는 영향에 관심을 보였습니다. 그의 주장에 따르면, 시장은 각 개인에게 자유의 환상을 제공하며, 그 환상 가운데서 개인은 자기가 구입한 것에 대한 선택권이 자신에게 있다고 생각하게 되지만, 실제로는 구입할 수 있는 상품들의 종류는 주관하는 사람들이 팔겠다고 선택한 것들로 제한되어 있습니다. 또한 광고와 상업방송 등 시장을 움직이는 힘은 한마디로 사람들이 행복해지기 위해서는 특정 상품들을 소유해야 한다고 생각하도록 속이는 선전의 형태입니다. 그리고 가난하고 무지몽매한 대중은 대중을 조작하는 자본주의의 희생자입니다. 이러한 자본주의는 먼저 욕구를 창출한 다음에 그 욕구를 만족시켜 줍니다. 이와 같이 압제가 심리학적으로 고찰되었습니다. 압제가 더 이상 물질적 재화의 결핍에 관한 것이 아니라 본질적으로 물질적 재화가 해답이라는 생각에 빠지게 만드는 것으로 규정되었습니다.

마르쿠제와 그 추종자들의 작업에서 우리는 1950년대와 1960년대에 점차 명백해지고 있었던 이상한 사실에 대한 대응을 확인할 수 있습니다. 마르크스주의 지식인들은 이상한 사실을 직면하게 되었습니다. 즉, 제2차 세계대전 이후 경제가 성장하는 단계에 접어들자 노동자 계층이 노동자들의 유토피아를 원하지 않고 오히려 소비 상품들을 소유하고 싶어한다는 사실이 점차 명확하게 드러났습니다. 그들은 노동자들의 평의회를 원하지 않았으며, 대신 자동차와 텔레비전과 세탁기와 수없이 많은 다른 상품들을 원했습니다. 생산 수단의 재조직화가 아니라 '물건'의 축적이 바로 그들을 자극했던 것입니다.

나는 몇 해 전 애버딘의 한 빈민가를 거닐면서 그 지역에 부착된 크고 과시적인 위성수신 안테나들을 보았습니다. 그런 안테나들은 내가 그때까지 보고 살았던 중산층 지역에 설치된 것보다 훨씬 더 많았습니다. 어떤 사람은 이제 인민의 아편은 종교가 아니라 텔레비전에서 보여 주는 엔터테인먼트(entertainment)라고 말합니다. 사람들은 더 이상 투표권을 원하지 않으며, 그저 시청자의 요구에 부응하는 연속극을 원합니다.

이런 시각에 비추어 볼 때, 마르쿠제의 작업은 소비사회가 등장한 데 대한 하나의 대답으로 해석할 수 있습니다. 인간 실존의 정치적 문제는 이제 빈곤이 아니라 허위, 즉 소비주의가 가져 온 허위라는 것입니다. 그것이 남녀가 원래 추구해야 할 본연의 모습에 이르지 못하도록 만든다는 것입니다. 그 점은 좌파의 관점에서 볼 때, 왜 로날드 레이건(Ronald Reagan)과 마가렛 대처와 같은 보수파 지도자들이 인기를 끌 수 있었는지를 설명하는 데 도움을 주었습니다. 그들은 소비사회를 촉진시켰고, 전통적인 계급의 장벽을 넘어 매력적으로 다가왔습니다. 그러나 그들이 제공한 자유는 마르쿠제가 이해한 자유의 의미에서 볼 때는 진짜 자유가 아니었습니다. 그들은 한 사회에서 단지 물질의 축적에서만 의미를 찾는 일차원적인 실존을 제공할 뿐이었습니다. 그것은 로마가 제공한 현대판 빵과 서커스 전략과 같은 것이었습니다.

'진정성'이라는 개념은 어떻게 좌파를 진정성 없는 존재로 바꾸는가?

이러한 좌파의 변화가 가진 의미는 아무리 강조해도 지나치지 않습니다. 좌파는 진정성과 같은 개념들을 그 논의의 중심에 놓음으로써 '경제적 또는 정치적'이라는 단어의 전통적 의미를 뛰어넘어 그들의 논의를 확장할 수 있었습니다. 실로 19세기와 20세기 초의 급진주의자들을 움직였던 경제적, 물질적인 관심사들은 사라지고 훨씬 더 논쟁적이고도 모호한 온갖 쟁점들로 대체되어 버렸다고 할 수 있습니다. '진정성'이라는 것이 목표가 되고 심리학적 맥락에서 이해되면서 압제 자체가 심리학의 용어가 되어, 물질적으로 좋은 조건들을 누리던 사람들이 사회가 그에게 부여한 사회 자체의 가치들 때문에 '진정성 없는 존재'가 될 수 있습니다. 이러한 압제는 심리 안에서 발생합니다. 개인은 대중매체의 힘과 넘쳐나는 상품들과 재산으로 말미암아 조작되고 침묵하게 됩니다. 냉소적으로 말해서, 무엇이든 좌파 지성인들이나 로비 단체들이 반대 운동을 벌이겠다고 결정 내리는 대상이 곧 압제가 되어 버렸다고 할 수 있습니다.

이런 식의 접근 방법은 더욱 광범위한 지적 문화에 존재하는 수많은 다른 충동들과 쉽게 결합합니다. 포스트식민주의(postcolonialism, 탈식민주의, 후기식민주의) 사상은 서구의 민주제도들과 가치들이 제3세계에 반드시 필요하다는 생각으로 가리고 있는 위장들을 벗겨 버릴 것을 강조하였습니다. 포스트식민주의 사상은 그러한 것들이 단지 서구의 권력 투쟁가들이 자기들의 의지와 가치를 다른 세계에 심기 위해 가장 최근에 시도한 하나의 방편일 뿐이라고 주장했습니다. 그다음으로 다양한 흐름의 포스트모더니즘(postmodernism)은 서구 사회 자체가 가지고 있는 가치들, 특히 성윤리와 성역할에 관한 가치들을 비판했습니다. 이성 간의 사랑과 일부일처제를 정상적인 것으로 여기는 것이 바로 압제이며, 그로 인해 과거에는 동성애 등이 일탈로 여겨지고 '진정성 있는 것'으로 받아들여지지 못했다는 것입니다.

이런 식의 압제에 대한 심리학적 이해는 포스트식민지주의 사상 및 포스트모더니즘과 결합하면서, 조직화된 좌파가 과거에는 좌파 철학과 정반대된다고 여겼을 이상한 입장들을 채택하게 만들었습니다. 예를 들어, 흔히 동성애를 가장 받아들이지 못하는 계층이 노동자들이었습니다. 동성애자의 권리라는 쟁점은 대체로 중산층의 관심사였습니다. 그래서 동성애자의 권리를 옹호하게 되면서 좌파가 원래 돕고자 했던 바로 그들의 가치와 부딪치는 입장에 처하게 되었습니다.

좌파는 원래 자신의 목소리를 낼 수 없는 사람들을 위해서 그들의 목소리를 대변하겠다는 의도로 출발했습니다. 그러나 낙태와 여성의 권리라는 문제가 연결되면서, 모든 사람들 중에서 가장 목소리를 낼 수 없는 존재인 태아가 오히려 그들을 위해 목소리를 내야 마땅한 자들에 의해 가차없이 침묵을 강요당하는 처지가 되고 말았습니다. 이러한 모순과 도덕적 불일치는 스스로를 정치적 좌파라고 여기는 사람들의 눈을 언제까지나 피할 수는 없었습니다. 그리하여 내트 헨토프와 같이 낙태 반대 입장(pro-life)으로 전향하는 사람이 생겨났습니다. 그러한 변칙은 여성의 권리에 대한 국제회의에서 아주 당혹스럽게 나타났습니다. 매일 깨끗한 식수와 식량, 여성 할례 등의 쟁점으로 씨름하는 더 가난한 나라 출신의 여성들은, 종종 물질적으로 부유한 서구 여성들이 낙태에 집착하는 모습을 보고서 어안이 벙벙해졌습니다.

정체성 정치(identity politics)[1]가 좌파의 자리를 이런 식으로 강탈했다는 사실은, 현재 좌파가 골몰하고 있는 투쟁들이 나의 할아버지가 알았을 종류의 투쟁이 아니라 오히려 구좌파에 대한 배신이라는 점을 보

---

1) 역자주 – 정체성 정치(identity politics)란 종교, 민족, 성, 계급 등과 같은 개인의 정체성에 따른 각자의 이익이 중심이 되는 정치의 한 모습을 말합니다.

여 줍니다.

　물론 가장 명백한 문제점들은 전쟁이나 국제 관계로 인해 발생합니다. 1970, 80년대에 성장하면서 나는, 우파가 (아파르트헤이트를 시행하고 있던) 남아프리카 공화국과의 스포츠 교류를 제재하는 데는 반대하면서도 왜 소련이 아프가니스탄을 침공한 일로 1980년 모스크바 올림픽을 보이콧(boycott)하는지, 반면 좌파는 "정치가 스포츠에 절대 개입해서는 안 된다"는 이유로 올림픽을 보이콧하려는 시도에 대해서 그렇게 분노하면서도 왜 스포츠 인사들이 남아프리카 공화국과 접촉하는 일에는 그토록 비난을 퍼붓는지 도저히 이해할 수 없었습니다. 물론 그에 대한 답은, 어느 쪽도 진정으로 자유에 대해 관심을 갖고 있지는 않았다는 것입니다. 우스꽝스럽게도 좌파는 브레즈네프(Brezhnev)와 그의 일당들의 세상이 포르스테르(Vorster)와 보타(Botha)의 세상보다 좀 더 낫다고 생각했습니다.[2] 브레즈네프와 그의 일당들은 스탈린이 등장할 때부터 손에 피를 묻혔으며, 그 이후에 이어진 압제에도 계속해서 개입했는데 말입니다. 그것은 그들이 애초에 추구했던 인권에 대한 이상에서 얼마나 멀어졌는지를 보여 주었습니다.

　그런데 어떤 점에서 볼 때 오늘날의 상황은 더욱 나빠졌습니다. 좌파가 아프가니스탄과 이라크 전쟁에 반대하는 것은 이상한 일입니다. 그 두 체제들이 인권과 관련하여 수치스러운 역사를 가지고 있는 봉건

---

2) 역자주 – 브레즈네프는 1964–1982년까지 소련 공산당의 서기장으로 있었습니다. 그리고 포르스테르는 1966–1978년까지, 보타는 1978–1984년까지 남아프리카 공화국 수상을 지냈습니다.

체제를 대변하기 때문입니다. 물론 이들 두 체제가 더럽고 사악하다는 점이 외부 세력이 주권국가의 영토를 침공하는 일을 정당하게 만들지는 않습니다. 그러나 좌파의 많은 미사여구를 들어 보거나 영국의 조지 갤로웨이(M. P. George Galloway)와 같은 소위 좌파 인사가 사담 후세인(Saddam Hussein)과 같은 사람에게 소심한 경의를 표하는 것을 보면 구역질이 납니다. 좌파는 단지 서방과 동맹하는 나라들뿐만 아니라 압제가 있는 곳이라면 어디에서든지 압제에 반대하는 목소리를 헌신적으로 높여야 합니다. 그런데 지금의 좌파는 미국과 영국의 중산층이 귀중하게 여기거나 가치 있게 여기는 것이라면 무엇이든지 거의 반사적으로 유치하게 반응하는 모습으로 전락해 버렸습니다.

좌파의 자리가 몇몇 특별한 이해 집단들에게 강탈당했음을 보여 주는 예들이 많이 있습니다. 미셸 푸코(Michel Foucault)는 인기 있는 후기 구조주의(post-structuralism) 사상가입니다. 그의 학문적인 저작은 권력을 가진 사람들의 숨은 의도를 폭로하는 데 초점을 맞추고 있습니다. 그런데 그가 1979년에 이란에서 일어난 이슬람 혁명을 환영하였습니다.

또한 최근에는 버락 오바마(Barack Obama) 대통령이 대형교회 목사인 릭 워렌(Rick Warren)에게 자신의 대통령 취임식에서 기도 순서를 맡아 달라고 한 일에 대해 비난이 쏟아졌습니다. 그것은 나에게는 충격적인 일이었습니다. 릭 워렌 목사의 신학에 대해서는 많은 의문이 있고 심히 우려되지만, 미국과 해외의 가난한 사람들을 돕는 등 다양한 사회적 선행에 많은 시간과 돈을 들여 헌신해 온 점에 대해서는 경의를 표합니다. 그런데 흥미롭게도 좌파의 비평가들은 릭 워렌이 동성애자 결혼에 반대한다는 이유만으로 그가 그동안 고난당하는 사람들과 경제적으로 매우 힘든 사람들을 위해서 감당해 온 경탄스러운 일들을 아무것도 아닌 것으로 치부해 버렸습니다. 중산층 비평가들과 활동가들은, 그가 주린 이들을 먹이고 헐벗은 이들을 입히는데도 단순히 중산층 동성애자(게이와 레즈비언들)에게 중산층급의 지위를 부여하는 데 반대한다는 이유로 그를 여전히 메마른 우파적 생각을 가진 사람으로 간주합니다.

잘 먹고 잘 살면서 아르마니(Armani) 정장과 베라 왕(Vera Wang) 옷을 입고 지미 추(Jimmy Choo) 구두를 신고 나온 텔레비전 진행자들은, 가난한 사람들을 위해 모범적인 일을 행하는 사람을 그가 단순히 중산층 로비 단체를 지지하지 않는다는 이유로 쓰레기 취급합니다.[3] 참으로 이상한 세상입니다. 이것은 19, 20세기 초에 추구하던 여성의 참정권, 알맞은 임금과 노동조건, 기본적인 건강보험, 깨끗한 주거 환경이라는 이상에서 완전히 동떨어진 의제를 가지고 있는 사람들이 좌파를 강탈한 사례입니다.

나를 시대에 뒤떨어진 사람이라고 말해도 좋습니다. 그러나 멜리사 에서리지(Melissa Etheridge, 동성애를 지지하는 미국의 여가수)가 자기의

---

3) 역자주 – 아르마니는 유명한 남성복 정장 브랜드이며, 베라 왕은 중국계 미국인인 패션 디자이너 베라 왕의 제품으로 주로 여성복을 생산하는 브랜드이고, 지미 추는 말레이시아계 영국인으로 런던을 중심으로 활동하고 있는 구두 디자이너의 브랜드입니다.

연인과 결혼하는 것을 금지하거나 세금을 줄이고 병원에 다닐 수 있는 혜택을 누리게 하는 것이, 아프리카 마을에 깨끗한 식수를 제공하고 아시아의 어린이들에게 소아마비 예방접종을 시키고 필라델피아의 거리에서 폭력을 몰아내는 일을 돕는 것만큼 중요할까요? 그렇다고 볼 수 없습니다. 그런데도 전자의 명분들이 후자보다 훨씬 더 강하게 정당들의 생각을 사로잡고 있는 듯합니다.

복음주의자들과 신좌파(New Left)

우리는 대부분 종교적 우파에 대해 반발하면서 마치 장난꾸러기 학생처럼 자기가 민주당에 투표한다는 사실을 즐겨 늘어놓는 복음주의자들을 만납니다. 그것은 공허한 몸짓이요 일종의 신학적 채식주의와 같습니다. 채식주의자들은 자신이 아무런 대가를 지불하지 않아도 되는 일을 합니다. 그들이 도덕적으로 우리보다 더 우월하게 느껴지지도 않습니다. 그래서 복음주의 지성인들은 압제에 대한 신좌파의 모호하고도 심리학적인 개념들과 더불어 그들의 관심사를 사들였습니다. 그러한 관심사는 많은 사람들에게 아무런 대가를 지불할 필요 없이 '적절한' 몸짓을 취할 수 있게 해 주었습니다.

지금 내가 이 장을 쓰는 동안에도 복음주의 세계는 그러한 예를 보여 주고 있습니다. 언제나 그렇듯이, 미국의 복음주의는 하루 늦게, 1달러 부족하게, 그리고 항상 우스꽝스러울 정도로 경건한 척하고 잘난 척하면서 교회 밖의 더 넓은 문화를 뒤따르고 있습니다. 2010년 2월, 필라델피아 제10장로교회의 목회자인 필립 라이큰(Philip Ryken) 박사는 휘튼 칼리지(Wheaton College)의 총장직을 받아들였습니다. 그러자 즉시 그 직책이 (중산층의 여론에 의해서 정의된 대로) 소수 소외 계층의 대표가 아니라 중산층의 백인 남성 지식인에게 주어졌다는 사실이 얼마나 끔찍한 일인가 하는 근심 어린 외침이 블로그(blog) 세계에서 터져 나왔습니다. 물론 흔히 그렇듯이 대부분의 여론이 중산층에 속하는 백인 지식인들, 그들 가운데서도 극소수의 남성 대변자들에게서 나왔습니다. 그러나 내가 알고 있는 한, 그 지식인들 중에 소수 소외 계층 후보에게 길을 터 주기 위해서, 또는 압제를 종식시키기 위해서 자신의 일자리를 내놓고 사임하는 사람은 단 한 명도 없었습니다.

이와 같이 자기 의를 드러내는 분노의 표출은 자기 모순이 아닐 수 없습니다. 그것은 자신은 조금도 희생하지 않은 채로 전혀 가치가 없는 관심사에 대해 소리를 높이며 보채는 신좌파의 전형적인 모습이었습니다. 그들은 훌쩍이며 싫은 소리를 토해 낼 뿐, 자신들이 휘튼 칼리지의 이사회와 필립 라이큰 박사에게 요구하는 것과 똑같은 기준을 자신에게는 적용하지 않았습니다. 또한 자기 자신을 다른 사람들을 위해 희생하는 모범으로 삼으려고 하지도 않았습니다.

다른 사람들을 비난하기는 매우 쉽습니다. 실제로 희생하는 입장이 되는 것보다는 의로운 명분을 가지고서 비난하는 것이 양심에도 상당히 도움을 줍니다. 그러나 그 모든 현상은 점잔을 빼면서 자기 의를 과시하는 구역질 나는 분노의 표출일 뿐입니다. 물론 그야말로 뼛속까지 중산층이요 백인인 필립 라이큰에 대한 평결은 분명히 의로운 것입니다. 바로 그의 동료들로 구성된 배심원들이 내린 결정이기 때문입니다.

복음주의 좌파는 문화에 대항하는 증거로, 압제와 해방에 대해 말하는 성경의 증언 대신에 그와는 아주 거리가 먼 것으로 인기를 끌고 있습니다. 그들은 유행하는 정치적 좌파와 마찬가지로, 공허하게 양심을 때우는 몸짓을 즐깁니다. 결국 세상에서 벌어지는 압제와 박해와 전제정치라는 실질적인 문제를 다루기보다는 여성에게 목사 안수를 하지 않는 극소수의 개신교 교단들(단지 그 존재만으로도 다른 교단의 사람들을 '압제'하는 것처럼 여겨지는 교단들)에 대해서 한탄하거나 스타벅스(Starbucks)에 앉아 공짜로 와이파이(Wi-Fi)를 사용하면서 대학교수 임용 문제에 대해 왈가왈부하는 것이 훨씬 더 쉬운 일입니다.

결론

나 같은 사람이 볼 때, 신좌파가 안고 있는 핵심적인 문제는 바로 이것입니다. 일단 좌파의 관심사가 기근, 갈증, 헐벗음, 빈곤, 질병과 같이 물질적이고 경험적인 문제에서 심리학적인 범주로 옮겨 가자 모든 사람이 희생자가 되었으며, 특정한 로비 단체에 속한 사람이 자신의 문제를 이 세대를 위한 핵심 문제로 만들 수 있는 길이 열리게 되었습니다. '진정성'과 '비진정성'은 전적으로 주관적인 영역입니다. 그리고 압제의 형태에 관해서도, 압제당하는 사람이 그렇다고 주장하기만 하면 무엇이든 다 압제가 됩니다. 이런 이유 때문에, 인종차별주의적이거나 호모포비아(homophobia, 동성애 공포증)적인 발언에 대하여 언론매체를 통해 퍼부어지는 분노는 때때로 빈곤과 기근에 대하여 퍼부어지는 분노를 능가합니다. 그렇기 때문에 리차드 로티(Richard Rorty, 미국의 문예 비평가이자 철학자)와 같은 사람들이 그렇게 진지한 표정으로 동성애자들에 대한 미국에서의 처우를 1930, 40년대에 벌어진 유태인 대학살(Holocaust)에 비교할 수 있었던 것입니다.

이런 점을 볼 때, 우리는 지금 진정 아무런 도덕적 나침반도 없는 꿈의 나라에 살고 있습니다. 그곳은 어느 누구도 분노하게 해서는 안 되면서도 모든 것을 조롱하고 경멸하는 곳입니다. 모든 종류의 옹고집이 다 용납될 수 있고 바람직하다는 말이 아닙니다. 다만 좌파가 무엇이 가장 시급하고도 중요한 일인지를 분별할 수 있는 모든 감각을 상실했음을 주장하려는 것입니다. 좌파는 대체로 아주 사소한 문제들에 대해 의로운 척하며 수사적으로 선언하는 운동이 되어 버렸습니다.

좌파가 동성애자의 권리나 낙태와 같은 쟁점을 판단 기준으로 삼았기 때문에, 이러한 문제들에 대해 강한 종교적 확신을 가진 우리 같은 사람들은 자연스럽게 지지했던 정당들로부터 근본적으로 소외되고 말았습니다. 한편 우파의 정당들은 어느 정도는, 그리고 적어도 지면상으로는 이러한 문제들에 대해 우리가 편하게 느끼는 입장들을 대변하면서도 다른 문제들에 대해서는 근본적으로 반대되는 정책들을 표방하고 있습니다. 만일 당신이 차꼬 풀린 자유시장이 사회의 병증을 치료하는 대안이라고 생각하지 않는다면, 그리고 그 사회에서 민주적으로 선출된 사회와 정부가 건강보험과 빈민 구제를 위해 어떤 역할을 감당해야 한다고 믿는다면, 오늘날 동성애자 결혼과 여성의 낙태 선택권이 큰 쟁점이 되어 버린 좌파를 보면서 과연 지지할 수 있겠습니까? 그러하기에 나는 정치적으로 쉴 곳 없는 노숙자(homeless)가 되어 실망하고 있습니다. 그런 사람이 비단 나 혼자만은 아닐 것입니다.

여기에서 뒤에서 다룰 주장을 미리 언급해야겠습니다. 내가 생각하기에 명백한 '기독교적' 입장이라는 것이 없는 쟁점들이 있습니다. 이라크와 아프가니스탄에서 치러진 전쟁, 노동조합의 적절성, 직접세와 간접세율 등과 같은 것이 그런 쟁점에 포함된다고 봅니다. 이런 사안들에 관한 견해를 기독교의 정통성을 판단하는 잣대로 삼는 것은, 성경의 가르침이나 2천 년에 걸쳐 교회의 존재를 규정하는 데 꼭 필요하다고 여겨졌던 요소를 훨씬 벗어나는 것입니다.

한편 그리스도인들이 따라야 할 궁극적인 결과가 무엇인지에 대해 서로 동의하는 쟁점들도 있습니다. 그러나 그런 경우라 하더라도 이러한 결과들을 어떻게 이루어 갈 것인가에 대해서는 서로 의견이 다를 수도 있습니다(그럴 여지가 상당히 클 것입니다). 예를 들어 봅시다. '그리스도인이 이웃을 사랑해야 한다'는 것은 하나님의 말씀이 뚜렷하게 요구하는 일입니다. 선한 사마리아인의 비유는 "내 이웃이 누구니이까?"(눅 10:29)라는 질문에 대해서 "가서 너도 이와 같이 하라"(눅 10:37)라는 명령으로 끝을 맺고 있습니다. 이 비유가 유일하게 이러한 문제를 제시하는 가장 명백한 본문인 것 같습니다.

만일 자유방임시장과 규제 완화, 대규모 국방 예산, 하찮은 국내 인프라(INFRA) 구축을 위한 지출이 이런 성경의 명령을 실천할 수 있는 가장 좋은 방법이 아니라고 생각한다면, 그런 사람은 어느 쪽으로 가야 하겠습니까? 이러한 문제들이 가상의 주문(Mantra, 만트라)이 되어 버린 공화당은 아닐 것입니다. 한편 민주당은 진짜 압제당하는 사람들, 즉 가난한 사람들을 그저 언저리 관심사로 내몰고는, 동성애자 결혼과 낙태에 찬성하는 단체를 중심으로 하는 중산층의 정체성 정치에 속박되어 있는 것 같습니다. 그래서 기이하게도 미국의 노동자 계층에 속하는 아주 많은 사람들이 공화당을 지지하게 된 듯합니다. 공화당은 적어도 노동자들이 관심을 가진 사회적 가치들을 표방하는 듯한 시도를 하는 것처럼 보이기 때문입니다.

이번 장에서 나는 가난과 같은 쟁점들에 대해서 구좌파의 입장을 견지하는 그리스도인들에게는 전혀 위로를 주지 못했습니다. 우리에게는 '우리의 마당'이라고 부를 만한 곳이 전혀 없습니다. 우리는, 압제받는 사람들을 위해 목소리를 높인다고 하면서도 오직 특정한 어떤 사람이나 어떤 위치에 있는 사람들에게만 해당하는 압제를 말하며 그들을 위해서만 목소리를 높이는 듯한 사람들에게 멸시를 받고 있습니다. 그러면서 그들에게 자신의 무책임에 대해서는 자신이 책임을 져야 한다거나 어떤 식의 방탕한 생활도 용납될 수 없다고 말하고 있습니다.

진보 인사들과 좌파 정당들은 대체로 정체성 정치의 세계에 열중하고 있으며, 응석꾸러기와 같은 저명 인사들의 지지와 그들의 고민거리 및 중산층의 로비 단체들에 젖어 있습니다. 그래서 나와 같이 구좌파를 지지하는 사람들은 덩그라니 남겨져 무시당하고 있습니다. 그 고난이 그리 오래 지속되지 않기를 소망합니다.

The Slipperiness of Secularization

2장
교활한 세속화

영국 사람이 볼 때, 미국에서 가장 충격적인 것 중 하나는 정치가 대부분 너무나 종교적이라는 것입니다. 나는 미국에 오기 전 외국인으로 있을 때부터 교회와 국가를 분리하는 미국 수정헌법 제1조를 잘 알고 있었습니다. 물론 영국은 매우 다릅니다. 영국 성공회는 영국과 웨일즈의 국교입니다. 스코틀랜드 교회는 사람들이 말하는 것처럼 '국경의 북쪽'의 국교입니다. 그러나 미국에서는 그 어떤 교회나 특정 종교도 그와 같은 특권을 누리지 못한다는 것이 미국이라는 나라의 한 가지 토대입니다.

물론 수정헌법 제1조의 의도가 무엇이냐를 놓고는 여전히 의견이 분분하며, 공공장소에 십계명을 전시해 놓는 것과 같은 법적인 쟁점들이 뉴스의 머리기사를 장식하지 않고 넘어가는 달이 거의 없습니다. 많은 그리스도인들은 그처럼 분명한 종교적 상징을 축출하는 것을 미국의 유산을 거부하는 것으로 봅니다. 그에 반해 많은 세속인들은 자유와 미국적 방식을 유지하기 위해서는 반드시 그런 것들을 축출해야 한다고 생각합니다. 외국인인 내가 보기에, 그러한 논란에 대한 열정은 종종 혼란스럽습니다. 그리고 때때로 몇몇 쟁점들 때문에 생기는 감정을 제대로 이해하려면 그 문화에 속해 있어야 한다는 사실을 일깨워 주는 증거처럼 느껴집니다.

미국 예외주의

미국의 수정헌법 제1조를 생각할 때, 미국에서 일어나는 수많은 정치 담론이 종교적인 성격을 띤다는 사실은 조금 놀랍습니다. 그러나 그것은 대체로 최근까지 보여 준 미국 예외주의(American exceptionalism, 미국은 다른 나라들과는 달리 전 세계를 향한 하나님의 특별한 소명을 가지고 있다는 주장)와 꼭 들어맞습니다. 이것은 광범위한 논제입니다. 그들은 기본적으로 미국의 사회 발달 방식이 다른 곳에서 볼 수 있는 사회 발전의 유형과는 다르다는 점에서 예외적이라고 말합니다. 이 주장의 중심에는 종교가 있습니다. 세계의 다른 지역에서는 근대 기술사회의 발달이 공적이고도 제도적인 종교의 쇠퇴를 가져왔지만, 미국에서는 그 정도로 종교가 쇠퇴하지는 않았다는 것입니다. 이에 대한 명백한 증거가 바로 '교회 출석률'입니다. 미국에서는 교회 출석률이 매우 높지만, 유럽에서는 형편없이 낮습니다.

그러나 오히려 미국보다는 해가 바뀔수록 점점 더 세속화되어 가는 유럽이 예외적인 것처럼 보입니다. 사실 전 세계에서 종교가 부활하고 있는 것처럼 보이기 때문입니다. 특히 아프리카는 더욱 그렇습니다. 옛날의 토착 주민들 가운데 오직 유럽에서만 종교의 미래가 어두운 것처럼 보이고, 다른 곳에서는 종교의 미래가 장밋빛인 것처럼 보입니다. 일반적으로 과거에 상상했듯이 근대사회의 등장이 전통 종교에 그렇게 부정적인 것은 아닌 듯합니다.

한편 나는 과연 세속화와 관련하여 미국이 그토록 엄청나게 예외적인 것인지, 아니면 세속화가 다양한 형태로 나타날 수 있는 것은 아닌지, 특히 그중에 어떤 형태는 모순적이게도 언뜻 상당히 종교적으로 보일 수도 있는 것은 아닌지 묻고 싶습니다. 영국과 미국이 둘 다 상당히 세속적일 수도 있지 않을까요? 다만 영국의 세속성은 종교적인 언어를 버리는 것으로 표현되는 반면, 미국의 세속성은 오히려 종교적인 용어들을 사용하면서 나타나는 것은 아닐까요? 그리고 이러한 사실은 미국 교회가 단정 짓기를 원하는 것보다도 훨씬 더 많은 문제점들을 미국 교회에 만들어 낼 수 있지 않을까요?

좌파의 죽음과 영국 기독교

미국에 대한 나의 논제를 제시하기 전에 영국에 나타난 기독교의 붕괴에 대해 간단히 정리하겠습니다. 19세기 영국의 기독교는 선교와 도시 목회, 정치 세계에서의 교회라는 면에서 큰 성공을 거두었습니다. 종교적으로 매우 낙관적인 분위기가 만연했습니다. 그 시기에 건축된 많은 교회당들이 이 점을 보여 줍니다. 그러나 오늘날 그 교회당들 중 많은 곳이 텅 비었거나, 주거지나 나이트클럽 등 다른 용도로 사용되고 있습니다. 많은 사람들은 이것을 지난 백 년 동안 교회 출석률이 급격하게 떨어졌음을 보여 주는 증거로 받아들입니다. 사실 19세기에도 모든 교회당들이 항상 성도들로 꽉꽉 들어찬 것은 아니었을 것입니다. 아마도 실제로 교회가 대규모로 성장해서가 아니라 그저 필요할 것이라는 가정 아래 많은 교회당을 세웠을 것입니다. 그러나 비록 그 교회당들에 사람들이 가득 차지는 않았다 하더라도, 그런 교회당들이 세워졌다는 사실은 교회의 승리주의까지는 아니더라도 교회의 낙관주의가 영국의 제국주의적 권세와 야망의 높이만큼 높았음을 시사해 줍니다.

또한 이 단계에서 19세기의 핵심적인 발전과 관련하여 교회와 성직자들이 감당했던 사회적 역할에 주목할 필요가 있습니다. 19세기 초기에 노예 매매가 종식된 일은 존 뉴튼(John Newton)과 같은 성직자들의 활동 및 윌리엄 윌버포스(William Wilberforce)를 비롯한 복음주의자 국회의원들의 정치 활약과 밀접하게 관련되어 있습니다. 교회들은 도시의 빈민 문제를 해결하고 노조를 세우고, 심지어 노동당을 가난한 사람들과 노동자 계층을 위한 최고의 변호 수단으로 보기도 했습니다. 영국의 독특한 헌법사 덕분에 비국교도들(영국 성공회에 소속되지 않은 개신교도들)은 17세기 중반에서부터 19세기 중반에 이르기까지 국회와 대학교(옥스퍼드와 케임브리지), 공무에서 배제되었습니다. 이것은 산업의 지도자들과 노동자 계층의 다수가 '국교도(church)'에 반대하는 '비국교도(chapel)'였음을 의미합니다. 그리하여 영국 기독교에는 계급의 분리가 존재하게 되었습니다. 그것은 일종의 사회적 극단주의가 비국교도와 연결되어 있음을 뜻합니다. 이것은 아마도 미국에서 아프리카계 미국인 기독교(African-American Christianity) 안에 존재하는 태도와 유사한 듯합니다. 실제로 비국교와 정치적 진보주의 사이에는 (전형적인 미국의 복음주의자에게도 마찬가지이겠지만) 영국인에게도 이상하게 여겨지는 연관성이 있었습니다. 그러나 그것은 기독교 사회주의는 아니며, 지금도 아닐 것입니다.

그런데 제1차 세계대전과 더불어 영국이 변했습니다. 이전에는 상상조차 할 수 없었던 학살이 행해진 전쟁을 둘러싸고서 강경 주전론(主戰論)은 그 원리에 반비례했습니다. 실제로 학교에서 세계대전의 기원에 대하여 특별 수업을 진행했는데, 그 수업이 끝나갈 즈음에는 처음 시작할 때보다 그 기원에 대해 겨우 조금 더 설명할 수 있게 되었을 뿐입니다. 뒤돌아 보건대, 이는 유럽 제국주의가 붕괴된 세기의 첫 번째 주요한 위기였던 것으로 보입니다. 당시에는 그것이 마치 상류 계층 때문에 일어나 노동자들이 대가를 치른 싸움처럼 보였습니다.

세계대전 이후 몇 년 동안 슬프게도 영국에서는 교회가 붕괴되었습니다. 물론 이것을 단 한 가지 원인 때문이라고 말할 수는 없습니다. 그러나 전쟁 때문에 일어난 계급적인 배신감이 한 가지 원인인 것은 분명합니다. 마치 1940년대의 유태인 대학살처럼, 참호 속에서 느낀 무지막지한 공포는 철학자들뿐만 아니라 일반 사람들에게도 하나님의 존재에 대해 극심한 의문을 불러 일으켰습니다. 이와 더불어 복지국가가 등장하고 노동조합들과 노동당 세력이 증가하면서 사회적, 정치적인 급진주의가 차츰 '교회를 기껏해야 예배 처소로, 아주 안 좋게는 시대착오적인 것으로 여기는' 사람들의 손에 넘어가게 되었습니다.

내가 자란 1970, 80년대의 영국은 백 년 전의 영국과는 매우 달랐습니다. 교회 출석률이 형편없이 낮아졌으며, 오늘날까지 계속해서 곤두박질치고 있습니다. 이슬람의 등장과 이민으로 영국에는 상당히 작긴 하지만 매우 소란스러운 무슬림 구역이 생겨났으며, 실제로 지금의 영국은 대체로 매우 세속적인 곳이 되어 버렸습니다.

미국의 세속화와 종교적 방식

미국의 상황은 여러 가지 측면에서 매우 다릅니다. 교회 출석률은 주(州)마다 차이가 있기는 하지만 유럽보다는 훨씬 더 높습니다. 1990년대에 그랜드 래피즈(Grand Rapids)에서 어느 예배에 참석했던 적이 있었습니다. 그때 한 목사님이 "이 도시의 비극은 두 사람 중 한 사람만이 오늘 아침에 교회에 출석했다는 것입니다"라고 개탄하였습니다. 나는 속으로 생각했습니다. '우와, 그게 비극이라니?' 나의 고국 영국이라면 그 정도를 우리의 상상을 뛰어넘는 부흥이라고 말했을 것입니다.

물론 교회 출석률이 이전 세대들보다 더 떨어진 것은 분명한 사실입니다. 그리고 너무나도 낮은 교회 출석률에 익숙해져서 주일에 주민의 절반이 예배에 참석하지 않는다는 사실이 왜 비극인지에 대하여 무감각해질 수도 있습니다. 그러나 내 말의 요점은, 그랜드 래피즈가 미국의 기준으로 볼 때는 예외적일 수도 있지만, 여전히 미국에서의 교회에 대한 헌신도가 일반적으로 유럽보다는 훨씬 더 높다는 것입니다.

역사가들과 사회학자들은 틀림없이 앞으로 여러 해 동안 미국과 유럽이 차이가 나는 이유에 대해 논쟁을 벌일 것입니다. 그리고 그 차이점을 설명하기 위해서 다양한 요소들을 언급할 것입니다. 20세기에는 세계에 미치는 유럽의 영향력이 줄어들었습니다. 그리고 바로 그 시기에 미국의 영향력은 증대하고 있었습니다. 그리하여 유럽에는 비관주의가, 미국에는 낙관주의가 자리 잡게 되었습니다. 유럽에서는 끔찍한 학살과 인종 학살이 행해졌고, 큰 전쟁들이 몇 차례 계속되면서 매우 많은 민간인들이 희생되었습니다. 이에 비해 미국은 해외에서 많은 젊은이들이 목숨을 잃은 것은 사실이지만, 대체로 그러한 공포로부터 보호를 받았습니다. 미국에서는 유럽에서 볼 수 있는 것과 같은 종류의 노동운동이 전혀 발전하지 않았습니다. 국가 교회도 전혀 없었습니다. 그리고 광대한 땅을 보유하고 있었으며, 경제와 생활 방식도 전원풍에 농업 중심었습니다. 그러하기에 문화도 전형적으로 보수적이며 전통적이었습니다.

그러나 여기에서 이렇게 묻고 싶습니다. "실제로는 미국 교회가 본질적으로 하나의 세속적인 제도가 됨으로써 대부분의 미국인들에게서 지지를 받아 온 것은 아닐까? 미국에서는 유럽에서 보는 세속화와는 다른 형태의 세속화가 진행되었을 가능성은 없을까?"

먼저 부드러운 표적을 대상으로 시작해 봅시다. 그것은 조엘 오스틴(Joel Osteen)과 베니 힌(Benny Hinn) 등이 가르친 '건강, 부, 행복'의 메시지입니다. 그들의 설교에서 바울의 고린도서에 있는 것과 같은 말씀을 들으려고 한다면, 소용 없을 것입니다. 고린도서에서 바울은 그리스도 안에서 죄인을 구원하시는 하나님의 구원 사역에 대한 교리뿐만 아니라 사역의 패러다임(paradigm)을 모두 십자가에서 발견합니다. 바울의 생애를 특징짓는 고난은 고난받는 다른 사람들을 위해 사역하는 데 반드시 필요한 요소입니다. 그러하기에 바울은 고난당하는 사람들을 위로할 수 있었습니다(이를테면, 고린도후서 1장을 보십시오). 그러나 조엘 오스틴과 베니 힌은 십자가가 아닌 다른 길을 제시합니다. 자신의 말에 귀를 기울이는 사람들에게 그들은 소위 행복한 삶, 고통과 부족함과 비참함이 없는 삶을 제시합니다. 만일 자신들의 충고를 따르고 영적으로 인도받는다면 그런 삶을 누릴 수 있게 될 것이라고 말합니다.

최근에 누군가가 나에게 "오스틴과 베니 힌이 영국에서도 잘 통합니까?"라고 물었습니다. 나의 대답은 간단했습니다. "아닙니다. 전혀 아닙니다. 영국에서는 이곳 미국에서 그들이 받는 환호를 전혀 기대할 수 없습니다." "왜 그렇습니까?" 이어지는 질문에 나는 이렇게 대답했습니다. "조엘 오스틴이나 베니 힌은 한마디로 영국에서는 통하지 않습니다. 그들이 쓰는 단어들이 적절하지 않기 때문입니다."

영국인은 많은 미국인들처럼 종교적인 언어에 호응하지 않습니다. 영국인들은 번영을 전하는 설교자들이 아니라 심리학적인 자기 계발을 전하는 전문가들을 따릅니다. 물론 양쪽 다 똑같은 메시지를 선포합니다. 자신의 내면에 잠재된 능력을 발휘함으로써 번영을 누리라는 것입니다. 다만 영국의 전문가들은 명백히 세속적인 반면, 미국의 설교자들은 정통 종교의 껍데기를 쓰고 있을 뿐입니다.

번영을 전하는 설교자들은 만만한 표적입니다. 특히 보수적이고 고백적인 복음주의자들의 시각에서 볼 때 그렇습니다. 그런데 낙관주의자들과 번영 복음을 제시하는 오순절주의자들만이 세상적인 또는 세속적인 야망을 복음과 동일시하는 것은 아닙니다. 좌파와 우파의 모든 정치인들도 더 큰 번영과 위로와 더 나은 건강보험 등을 이상으로 제시하거나 적어도 그것으로 사람들을 끌어들이고 있습니다. 조엘 오스틴이 건강과 부와 행복에 대한 메시지를 전할 때, 우리가 혀를 쯧쯧 찰 수도 있습니다. 그러나 실상 자신이 정통이라고 주장하는 많은 그리스도인들도 이와 비슷한 야망을 마음에 품고 있지 않습니까?

다음 장에서 나는 보수적인 그리스도인들이 종종 주장하는 바 '경제적 부와 기독교의 연관성'은 조엘 오스틴의 복음을 좀 더 교묘하고 수사학적으로 희석시킨 것일 뿐이라고 주장하려 합니다. 지금은 좀 더 일반적인 수준에서 우리 중 많은 사람들이 우리를 향한 하나님의 은택이 전형적으로 건강과 부와 행복이라는 모습으로 드러날 것이라고 추측하고 있지는 않은지 묻고 싶습니다. '기독교가 조엘 오스틴과 그 무리들처럼 드러나야 한다'는 생각에 대해서, 우리 중 얼마나 많은 사람들이 그것이 고린도서에서 가르치는 것과 같은 죄라고 느낄까요? 다만 조엘 오스틴이 그 점에 대해서 더 공개적이고 솔직하다는 점만 다를 뿐입니다.

미묘하고 허울만 그럴듯한 정통과 세속화

세속적 가치들이 정통 교회들 가운데로 은근히 스며드는 다른 길들도 있습니다. 고든 콘웰 신학교(Gordon Conwell Theological Seminary)에서 은퇴한 데이비드 웰스(David Wells) 교수는 『신학 실종』(*No Place for Truth*, 1993)에서 시작해 『용기 있는 기독교』(*The Courage to Be Protestant*, 1998)로 끝마친 연작을 통해 이 점을 거듭 지적합니다. 여러 면에서 웰스의 전반적인 논제를 총정리했다고 할 수 있는 이 마지막 책에서, 그는 치유에 대한 현대 미국의 관심과 도덕을 '가치'의 언어로 대체하는 일, '나 중심'의 개인의 권리를 추구하는 문화가 미국의 세속 사회만이 아니라 복음주의 교회까지 지배하게 되었다고 말합니다. 그는 메가 처치(mega church, 주일예배 출석 인원이 이천 명 이상인 대형교회)들과 이머전트 교회(emergent church)들이 대항 문화를 대변할 뿐만 아니라 범람하는 문화에 대해 다른 방식으로 적응하는 모습을 보여 주고 있다고 기술합니다. 여기서 메가 처치들은 철저한 경영 기술, 실용성, 시장 중심, 박리다매(薄利多賣)를 추구하는 대형 상점과 같습니다. 한편 이머전트 교회들은 그러한 지독한 소비주의에 저항하여 실질적으로 포스트모더니즘의 교묘한 인식론들과 절충주의를 받아들인 것으로서, 모순적이게도 그 자체가 소비주의와 연결되어 있다고 할 수 있습니다.

웰스 교수의 논고는 치명적입니다. 그는 단도직입적으로 많은 교회가 세속 기관과 다를 바 없이 세속적인 야심이나 방법을 추구한다고 주장합니다. 다만 세속 기관은 자기들이 하는 일에 대해서 훨씬 더 솔직한 것만 다를 뿐입니다. 근본적으로 그는 교회성장을 추구하며 윌로우크릭(Willow Creek) 전통에 있는 메가 처치들과 (더 나은 용어가 있다면 좋겠지만) 소위 '복음주의 좌파'에 초점을 맞추어 비판합니다. 그러나 웰스가 선호하는 방식을 통해 적어도 스스로를 전통적 개신교라고 생각하는 교회들에도 세속적인 가치들이 스며들어 있다는 점을 증명할 수 있지 않을까 싶습니다.

나는 몇 가지 중요한 면에서 그런 점을 증명할 수 있다고 믿습니다. 예를 들어, 우리가 살고 있는 더 넓은 세계에서 아주 전형적으로 나타나는 '권리 문화'를 봅시다. 그 세계에서는 소송과 로비 단체들이 번성하는 것처럼 보입니다. 우리는, 자기가 미숙해서 커피가 뜨거운 줄도 모르고 컵을 잡았다가 깜짝 놀라 뜨거운 커피를 흘려 데이고는 자기가 잡고 있는 컵이 뜨겁다고 말해 주지 않았다는 이유로 판매자를 고발하는 사람에게 실망할 것입니다. 우리는, 누가 그 달의 매출 신장에 기여하지 못했든지 간에 유행에 따라 그런 사람을 공격하듯 억압하는 것처럼 보이는 어떤 고용주의 악의 없는 행동에 틀림없이 눈살을 찌푸릴 것입니다. 이것은 분명 어리석은 행동입니다. 만일 내가 미국인 코미디언이 영국의 치과에 대한 농담을 할 때마다 성질을 내고 압제당했다고 느끼고 심리적으로 상처를 받는다면, 나에게는 아침에 침대에서 일어나 걸어 나올 수 있는 힘도 남아 있지 않을 것입니다.

그러나 권리 문화는 정치에서든 교회에서든 결코 좌파의 전유물이 아닙니다. 좌파가 전적으로 세속적이고 공적인 영역에서 낙태나 동성애자 결혼에 대한 권리를 주장할 수 있습니다. 한편 우파 역시 총기 소유나 싼 기름값, 낮은 과세율 등과 같은 권리들을 주장할 수 있습니다. 자, 명확히 합시다. 여기서 나는 어느 한 권리와 다른 권리의 도덕적 균등을 들추려는 것이 아닙니다. 나는 좌파와 우파의 특정한 쟁점들이 무엇이든지 상관없이 '개인의 권리'라는 말로 포장되어 있다는 것을 말하고자 합니다.

교회에서도 이런 모습을 볼 수 있습니다. 심지어 보수적이고 고백적인 교회들 가운데서조차도 가장 많이 깨지는 맹세가 무엇이겠습니까? 그것은 각 교인이 교회의 지도자에게 제출하는 전형적인 맹세(서약)일 것입니다. 물론 교회마다 사용하는 단어가 다양하겠지만, 제가 속한 교단인 정통장로교회 교단에서 사용하는 표현을 보십시오.

"당신은 주 안에서 이 교회의 치리에 순복하고, 생활의 가르침에 태

만한 점이 발견되었을 때 교회의 권징을 받아들일 것을 동의합니까?"

이 서약의 전제들은 명확합니다. 기독교는 나, 그리고 나 자신이 하고 싶은 일보다 훨씬 더 큰 집단입니다. 그리고 기독교에는 교회 안에서 이루어지는 순종, 즉 서약에 따르는 순종이 있습니다.

교회 멤버십(membership)에 대해 성경에 언급되어 있지 않으므로 그것을 비성경적이라고 주장하는 사람들도 있습니다. 여기서 이와 관련된 반론을 다룰 수는 없겠지만, 이 점에 대해서는 언급해야 할 듯합니다. 곧 교회 멤버십은 서로에게 헌신하고 세워진 지도자를 존경하라는 분명한 원칙에 대한 실천적인 표현이며, 이 두 원리가 성경에 진술되어 있다는 것입니다. 교회 멤버십이 비성경적인 것이라고 주장하는 많은 사람들의 경우, 그들의 양심이 멤버십이라는 개념 때문에 상처를 입었다기보다는 오히려 그들이 헌신을 피하려 하는 것이 아닌가 의심스럽습니다. 그들은 교회를 슈퍼마켓이나 영화관처럼 취급하려 합니다. 개인적인 헌신 때문에 생기는 힘든 문제들은 짊어지지도 않고 필요한 것만을 얻으려는 것입니다.

바로 그런 점에서 볼 때, 이 서약은 세속 영역에서 좌파와 우파 모두가 전형적으로 주장하는 "소비자는 왕이다"라는 식의 생각과 권위 및 권력을 불신하는 일과는 가장 강력하게 반대됩니다. 그런데 '아메리칸 드림(American dream)'의 핵심인 자동차 때문에 이 서약이 크게 힘을 잃었습니다. 우리는 바로 그 자동차라는 수단으로 변덕이 일어나면 언제든 어떤 교회에서든 쉽고 편하게 도망쳐 나올 수 있게 되었습니다.

여기서 말하고자 하는 요점은, 자신이 서약한 교리에 고백적이며 확고한 사람들조차도 교회에 대한 생각 속에 세속적인 가치들이 스며들 수 있으며, 특히 정치적으로 우파에 속한 그리스도인들이 이런 점에서 다른 사람들만큼이나 잘못될 수 있음을 깨달아야 한다는 것입니다. 어쩌면 비교적 공동체 지향적인 좌파보다는 우파의 급진적인 개인주의가 더 잘못될 수도 있습니다.

개척 정신이 투철한 나라, 각 사람이 다른 사람들에게 의존하지 않고 스스로 돌봐야 한다는 의식이 있는 나라에는 많은 강점이 있습니다. 그리고 이것이 20세기에 미국이 엄청나게 성공할 수 있었던 이유 중 하나이기도 합니다. 미국 정부의 구조 자체가 그 핵심에 권력과 위계질서에 대한 깊은 불신을 구현하고 있습니다. 외국인의 눈에는 그런 견제와 균형이 대체로 혼란스럽게 보이지만, 그 기본 형태가 영국의 독재자에 대한 반란의 열기에 의해 만들어졌음을 생각할 때 전혀 놀랍지 않습니다. 그런데 미국인들이 권위에 대해 품는 그런 의구심이 교회에 스며 들어왔습니다. 성경적인 가르침이 아니라 세속의 개인주의가 들어온 것입니다. 그러므로 조엘 오스틴이 기독교의 언어로 세속적인 메시지를 전한다고 비난하는 것이나 좌파가 도덕적인 쟁점들을 선전하여 이용할 뿐 아니라 심지어 그리스도의 이름으로 그렇게 한다고 비난하는 것은 분명히 모순입니다. 개혁파와 장로교회 안에서도 "나는 교회를 소비자 문화의 한 측면으로 대할 것이다"라는 식의 사고 앞에 교회의 권징이 무너져 버렸으니 말입니다. 나의 가려운 곳을 긁어 주지 못하거나 어떤 실질적인 헌신을 보여 달라고 요청받자마자 자동차에 올라타, 자신의 자율성과 익명성을 더 잘 유지할 수 있는 다른 교회로 운전해 가 버리니 말입니다.

애국자의 성경

세속적인 사고방식이 교회에 영향을 미치는 또 다른 분야는, 미국을 하나님의 특별한 백성과 동일시한다는 것입니다. 다시 한번 말하지만, 지금 나는 공적인 영역에서 기독교의 목소리를 내기 위해서는 특별한 자리가 필요하다고 생각하는 그리스도인들이 세속적인 생각을 가지고 있다고 비난하는 것이 아닙니다. 그렇게 생각하는 많은 그리스도인들은 자기의 신앙이 자기의 정치적인 사고방식까지도 형성하기를 원하고 있으며, 그런 생각은 전적으로 정당한 것입니다. 또한 나는 애국심이 강한 그리스도인들을 염려하는 것도 아닙니다. 자신의 조국에 대한 사랑을 표현하는 애국주의는 무비판적인 민족주의나 인종차별주의로 빠지지 않는 한 대체로 좋은 것입니다. 내가 염려하는 것은 소위 '기독교 국가로서의 미국'을 추구하는 극우파입니다. 그로 인해 교회와 국가의 경계가 심지어 때로 성경의 역사까지 위험할 정도로 흐려지고 있습니다.

극단적인 예가 『애국자의 성경』(*The Patriot's Bible*)입니다. 『애국자의 성경』의 편집자들은 하나님의 말씀을 미국의 초창기 건국 기초와 관련지어 편집합니다. 미국의 독립 혁명을 로마서 13장에 나오는 '국가를 향한 시민의 순종'에 대한 가르침과 연결하는 문제는 제외한다손 치더라도, 성경을 다루고 있는 영상은 가히 충격적입니다. 일련의 이미지들과 자막은 아담과 하와 및 조지 워싱턴(George Washington)과 마사 워싱턴(Martha Washington)을 첫 조상으로 제시하고, 모세 및 링컨(Abraham Lincoln)을 자유의 투사로 제시하며, 예수님과 제자들 및 대륙 회의(Continental Congress, 독립을 전후해 필라델피아에서 두 번 열린 각 주의 대표자 회의, 1774,1775-89)를 건국의 조상들로 제시하고 있습니다. 그 영상은 누군가 그 요점을 놓칠 경우를 대비해서, "때때로 역사는 반복됩니다"라는 말로 끝을 맺습니다.

   진짜 그렇습니까? 아닙니다. 실제로 역사는 이런 식으로 반복되지 않습니다. 성경의 역사와 구원의 역사는 미국뿐만 아니라 다른 어느 나라에서도 반복되거나 재현되지 않았습니다. 그렇게 주장하는 것은 온전하지 못하며 신성모독적인 어리석은 행동입니다. 그것은 조엘 오스틴의 설교만큼이나 나쁩니다. 그것은 복음의 메시지를 세속화할 뿐 아니라 우상 숭배에까지 이르게 만듭니다.[1]

   그러나 『애국자의 성경』도 "하나님 아래서 한 나라(One Nation Under God)"라는 제목의 그림 앞에서는 무색해집니다. 그 그림은 〈제2계

---

1) 다음을 참고하십시오. http://www.americanpatriotsbible.com/video.php. 2010년 3월 2일 접속.

명에 상당히 어긋날 정도로) 예수님을 한가운데 그려놓았습니다. 그런데 예수님의 손에는 미국의 헌법이 들려 있고, 유명한 이신론자들인 토마스 제퍼슨(Thomas Jefferson)과 토마스 페인(Thomas Paine) 같은 미국의 역사적인 인물들에게 둘러싸여 있습니다. 그들은 분명히 정통적인 그리스도인이 아닙니다. 기독교 국가를 동경하고 지지하는 그림에 그런 사람들을 그려 넣는다는 것은 역사에 무지한 행동일 뿐만 아니라 신성모독이며, 솔직히 말해서 웃기는 일입니다. 그 화가의 신앙에 대해 안다면 혹 매력적일 수도 있을지 모르겠습니다. 그가 유니테리언(Unitarians, 삼위일체론을 부정하고 그리스도의 신성을 부정하며 신격의 단일성을 주장하는 교파) 형태의 신앙을 가진 것이 아닐까 싶습니다.

애국심은 시민이 가져야 할 덕목이며, 분명 그 자체는 죄악된 것이 아닙니다. 그러나 실수하지 마십시오. 미국의 우파에게 너무나도 친근한 애국심의 개념들이 아주 세속적이고 이단적인 기독교와 어깨를 나란히 할 수도 있으며, 심지어 자기들이 원하는 목표를 이루기 위해 그런 기독교 유형을 일부 이용할 수도 있습니다.[2]

그렇게 왜곡된 애국자 놀이는 또 다른 모습으로도 나타납니다. 팀 라헤이(Tim LaHaye)와 제리 젠킨스(Jerry Jenkins)가 쓴 종말에 대한 연작은 베스트셀러가 되었지만, 어리석기 짝이 없는 비성경적인 종말론을 제시할 뿐만 아니라 인종차별주의와 민족 특유의 고정관념을 촉진시

---

2) 다음을 참고하십시오. http://mcnaughtonart.com/page/view_search/353. 2010년 3월 6일 접속.

키고 있습니다. 1장에서 말했듯이, 정체성 정치에 대해 말할 시간이 없습니다. 여기서는 라헤이의 책에 어떤 인종적인 고정관념들이 들어 있는지보다는 그 책들이 전하는 신학적인 메시지를 주로 살펴보고자 합니다. 그에 따르면, 만일 한 사람이 유럽인이거나 안타깝게도 아랍인이라면 거의 확실하게 그는 나쁜 사람입니다. 그리고 만일 미국인이거나 유태인이라면, 그 사람은 전개되는 사건들 가운데 옳은 편에 설 가능성이 아주 높습니다. 그의 메시지는 명확합니다. 미국의 외교정책, 특히 이스라엘 국가와 관련된 외교정책은 하나님의 거대한 역사 계획 가운데 종말에 천사의 편에서 감당하는 역할이라는 것입니다. 미국이 하나님의 대리자로서 세상을 구원한다는 것입니다.

제2차 이라크 전쟁도 미국이 하나님의 국가라는 개념을 충분히 토여 주었습니다. 내가 참석한 어느 성경공부 모임에서 있었던 일입니다. 누군가가 "하나님께서 이런 때에 조지 부시(George W. Bush)를 일으키신 것은 대단히 멋진 일이다"라고 말했습니다. 성경공부를 하다가 던지는 그런 말은 언제나 미묘한 상황을 연출합니다. 우리는 사람들에게 좀 더 분명하게 생각하는 법을 가르치되, 그들에게 상처를 주거나 그들을 무시해서는 안 됩니다. 그래서 나는 "사담 후세인은 누가 일으키셨습니까?"라고 물었습니다. 거기에 둘러앉아 있는 사람들의 표정을 보니 뒤늦게 깨달은 바가 있는 것이 분명했습니다. 선한 지도자든 악한 지도자든 세계의 모든 지도자들은 하나님께서 일으키시며, 또한 하나님께서 무너뜨리십니다.

나는 다시 물었습니다. "만일 바그다드(Baghdad)에 폭탄이 떨어져서 그리스도인 가정이 죽임을 당했다면, 그 순간 하나님이 그 가족의 편에 계시지 않았다고 말할 수 있습니까? 신자라 할지라도 그들의 지리적인 장소와 민족에 따라 하나님의 사랑에서 벗어나 있을 수도 있다고 말하는 것이 옳습니까?" 폭탄은 이미 떨어졌습니다. 일은 벌어졌습니다. 암으로 죽든 자동차 사고로 죽든 전쟁이 일어나 폭탄 때문에 희생되든, 그 어떤 그리스도인도 하나님의 사랑을 벗어날 수는 없습니다. 미국의 군인들 중에는 정부에 대한 의무에 순종하여 이라크에 가서 싸운 그리스도인들도 분명히 있었습니다. 그 싸움을 상대화하려고 이렇게 말하는 것이 아닙니다. 해당 국민이나 군대의 종교에 따라 전쟁의 도덕성이 간단히 결정되는 것이 아님을 말하려는 것입니다.

핵심은 간단합니다. 국가들의 정치와 하나님의 백성들과 교회의 운명이 동일시되어서는 절대 안 됩니다. 성경은 우리에게 그렇게 할 만한 근거를 전혀 제공하지 않습니다. 물론 미국이 최초로 그렇게 한 것은 아닙니다. 5세기 초 어거스틴(Augustine)은 로마가 약탈당한 일을 어떻게 이해해야 할 것인지를 놓고 씨름했습니다. 그는 '그토록 오랫동안 주도적으로 명성과 문화를 이어왔던 도시가 어떻게 그렇게 비참한 지경에 떨어질 수 있었을까?'를 고민했습니다. 또한 제국의 절정기를 누리던 영국 역시 영국의 방식이 곧 하나님의 방식이라고 여기는 죄를 저질렀습니다. 웨스트민스터(Westminster) 신학교의 내 사무실에는 "성경 – 영국의 위대함의 비결(The Holy Bible-The Secret of England's Greatness)"이라는 말이 앞면에 새겨진 오래된 성경의 금박 표지가 있습니다. 비록 지금은 표지만 남아 있지만, 어떤 판(edition)에 붙어 있었던 것인지를 10년 안에 찾을 수 있습니다. 그런 문구를 인쇄하는 분위기는 대체로 한 나라의 힘이 정치적으로나 군사적으로 최고조에 이르렀을 때 나타나기 때문입니다.

성경의 역사를 19세기 영국의 모습과 동일시하거나 21세기 미국의 외교정책과 동일시하는 일에 대해 '이것이 도대체 복음이나 교회와 무슨 상관이 있는가?' 하는 의문이 듭니다. 대답은 간단합니다. 그것은 교회를 성경적이지 않은 방법으로 분리하는 것입니다. 그리스도의 교회에는 유태인도 없고 이방인도 없으며, 영국인도 없고 미국인도 당연히 없어야 합니다. 애국심은 국민의 훌륭한 덕목이며, 그리스도인은 선량한 시민이 되어야 합니다. 그러나 우리가 대처나 클린턴이나 부시의 관저 문턱이 아니라 그리스도의 왕국의 문턱에 들어갈 때에는, 그런 애국심이 제재되어야 합니다. 만일 우리가 그리스도의 교회의 구성원이 되기 위해서, 또는 단순히 내가 소속되어 있다는 소속감을 느끼기 위해서 영어권 국가들이나 특정한 정치 기구의 운명적 역사를 믿겠다고 표시해야 한다면, 그것이 누구의 교회든지 간에 더 이상 그리스도의 교회는 아니며, 지상의 어떤 권세자의 소유가 되어 버릴 것입니다.

아마도 중국이 등장하고 미국 경제의 문제점들이 부각되면서 미국의 힘의 절정기가 지난 것 같습니다. 따라서 미국의 길, 미국의 방식을 하나님의 길, 하나님의 방식과 동일시하려는 유혹은 점점 감소할 것입니다. 그러나 일반적인 법칙은 여전히 그대로입니다. 즉, 세계의 역사 가운데 어느 시점에서든 지배적인 나라가 자기의 일을 하나님의 사역과 동일시하려는 유혹을 받는다면, 그 어떤 유혹이라 할지라도 어떤 대가를 치르더라도 그런 유혹에서 벗어나야 합니다. 하나님이 자기 백성들(어떤 특정 국가가 아니라 교회)을 다루시는 섭리는 너무나 신비해서 단순한 민족주의나 국수주의 안에 가둘 수 없습니다. 또한 복음은 죄에 대한 회개와 그리스도에 대한 믿음을 요구할 뿐, 특정한 국가의 특별한 외교정책들에 찬동할 것을 요구하지 않습니다. 그런 것에 찬동하라고 요구한다는 것은 곧 세속적인 사고로 떨어지는 것입니다.

유명 인사 증후군

마지막으로, 많은 보수적 기독교의 세속화는 보수주의 기독교가 점점 더 유명 인사(superstar)에 집착하는 현상으로 나타납니다. 이 점은 중요합니다. 우리가 흔히 세속적인 사고를 번영 신학이나 사회 복음, 거기에서 이어지는 반(反)초자연주의적 자유주의(antisupernatural liberalism) 등과 같은 것으로 생각하기 때문입니다. 그러나 때때로 세속적인 사고는 내용의 측면에서만이 아니라 형식의 측면에서도 확실히 드러납니다. 이것은 좀 더 파악하기 어렵고 은밀합니다. 유명 인사 증후군도 여기에 해당합니다. 신앙을 고백하는 유명 인사들이 분명히 철저한 정통 신앙인일 수도 있습니다. 그런 사람들은 자신이 유명 인사가 되는 것을 좋아하지 않을 것입니다. 그러나 그들을 유명 인사로 대하는 사람들과 교회들은 그 속에 은밀하게 들어온 세속주의를 드러냅니다.

바울은 고린도교회의 교인들에게 쓴 편지들에서 이 점에 대해 분명히 말합니다. 고린도는 연설가들, 즉 대중 연사들을 자기 시대의 록스타(Rock star)로 여기는 문화를 가지고 있었습니다. 그들은 어떤 주제가 주어지든 막힘없이 부드럽게 연설할 수 있는 자신의 능력을 자랑했습니다. 그들 주위에는 제자들과 팬(fan)들이 들끓었습니다. 그들은 사회적으로나 문화적으로 무게 있는 역할을 담당했습니다. 그런데 바울은 고린도전서에서 고린도교회의 지체들이 세상의 기준을 적용하여 자기 교회의 지도자들의 자질을 판단하는 문제를 지적합니다. 그런 현상 때문에 고린도교회에는 여러 분파가 생겨났습니다. 더 쉽게 말하자면, 교회 안에 대단한 설교자들에게 집중하는 팬클럽(fan club)들이 생겨난 것입니다. 바울은 자신을 신체적으로나 수사학적으로 인상적인 인물이 아니며 이류로 취급받는 사람이라고 묘사합니다. 어쩌면 고린도교회의 문제를 '교회가 본질적으로 세속적인 사고방식을 개발했다'는 말로 정리할 수 있을 것입니다. 그들을 둘러싼 비기독교 세계의 기준들이 교회의 사역과 지도자들을 판단하는 잣대가 되었던 것입니다.

인물 숭배는 매우 나쁜 것입니다. 설교자의 역할은 그리스도를 가리키는 것이며, 그런 맥락에서 가능한 한 눈에 띄지 않아야 합니다. 자기에게 주목하게 만드는 설교자는 바울의 기준으로 볼 때 실패자라고 할 수 있습니다. 그리고 설교자에게 집중하는 회중은 십자가의 권능과 논리를 이해하지 못하고 세속적인 사고방식에 굴복했다고 할 수 있습니다. 그런데 미국의 보수 교회가 그와 같은 인물 숭배로 상당히 몰려가고 있습니다.

이런 점을 증명할 만한 여러 가지 증거가 있습니다. 첫째, 뛰어난 인물에게 집중할 뿐 아니라 그런 인물의 이름을 따서 이름을 붙이는 선교단체들이 우후죽순처럼 생겨났습니다. 또 이름이 널리 알려진 연사들을 강사로 초빙한 거대한 컨퍼런스들이 번창하고 있습니다. 그런 것들이 본래 잘못된 것은 아닙니다. 다만 인터넷(Internet)이나 교회에서 예배한 후에 나누는 대화를 보면, 이러한 것들이 교회에서 유명 인사를 만들어 내고 있음이 분명합니다. 그런 곳에서는 복음이나 교회가 아니라 어느 강사, 어느 연사에 초점이 맞춰집니다.

눈에 띄는 재능으로 놀라운 일을 행하는 데 쓰임 받은 개인들을 통해 오늘날의 교회가 주님의 복을 받은 것은 분명한 사실입니다. 뉴욕의 팀 켈러(Tim Keller, 리디머 장로교회)나 미니어폴리스의 존 파이퍼(John Piper, 베들레헴 침례교회), 시애틀의 마크 드리스콜(Mark Driscoll, 마즈힐펠로우십교회) 등도 그런 사람들입니다. 그러나 그런 인물들에게 집중하면서 비현실적인 기대를 갖는 것은 위험합니다. 이러한 유명 인사들이 제시하는 교회의 유형들이 다른 곳에서도 성공할 수 있으리라는 증거는 참으로 모호합니다. 오히려 그들의 성공은 하나님이 그들의 뚜렷한 은사와 정황을 사용하신 데서 비롯됩니다. 즉, 무언가 큰 일을 이루기 위해서 하나님께서 적절한 시기에 적절한 장소에서 적절한 사람들을 주신 것입니다. 돈 카슨(Don Carson)은 자신의 책 『한 평범한 목회자에 대한 회상』(Memoirs of an Ordinary Pastor)에서 자기 아버지를 감동적으로 그립니다. 카슨 교수의 부친은 뉴욕 리디머(Redeemer) 교회의 기준보다는 대부분의 교회들과 목회자들을 위한 기준에 더 가까운 삶을 사셨습니다.

우리가 그런 유명 인사들에게 집착하는 것이 왜 위험한지를 있는 그대로 깨닫는 것이 매우 중요합니다. 그것은 그 인물들이 그렇게 열심히 수고하며 일한 이유가 되시는 예수 그리스도에게 집중하는 마음으로부터 멀어지게 만듭니다. 그런 문제는 어디에서 비롯됩니까? 그 문제는 세상 사람이 하듯이 뛰어난 인물들에 집착하는 태도를 그대로 흡수하는 데서 비롯됩니다. 세상에는 할리우드(Hollywood)의 스타들을 소개하는 사이트가 있습니다. 교회에는 누가 있을까요? 맞춰 보십시오. 그런 이름은 분명히 대형교회를 세울 수 있고 큰 명성을 얻으며, 영화배우의 매력과 견줄 만한 거룩한 어떤 것을 제공할 수 있는 특별한 사람의 이름이어야 할 것입니다. 이것이 바로 『애국자의 성경』이나 월터 라우셴부시(Walter Rauschenbusch, 사회 복음주의를 창시한 미국의 신학자)의 사회 복음과 똑같은 교회의 세속화입니다.

결론

세속화는 알아차리기가 어렵습니다. 그래서 우리가 거의 예상하지 못하는 곳에서 우리를 공격합니다. 세속화에는 보수적인 복음주의자들을 위로해 줄 수 있는 것이 전혀 없습니다. 우리에게 필요한 것은, 우리를 거듭해서 하나님의 말씀의 기준으로 돌이키게 만들며, 회개하게 만들고, 어떤 정치적인 정책들이나 애국심이나 자신이 다른 사람들보다 더 낫다는 애매모호한 느낌이 아니라 다시금 예수 그리스도를 신뢰하도록 인도하는 지속적인 개혁입니다.

Not-So-Fantastic Mr. Fox

3장
그리 환상적이지 못한 폭스 채널

치우치지 않은 뉴스 채널인가?

뉴스 매체들은 특성상 정보를 제공하는 좋은 면이 있는 만큼 시끄럽고 성가시기도 합니다. 최근에 나의 고국인 영국을 방문하여 거의 9년 동안이나 시청하지 않았던 BBC 방송을 보면서 충격을 받았습니다. 한 무리의 신(新)노동당을 지지하는 열혈 팬들이 BBC를 접수한 것처럼 보였습니다. 그들은 고든 브라운(Gordon Brown)과 그의 심복들의 단점들에 대해서 얼마나 맹목적이고 근시안적일 수 있는지를 보여 주려고 서로 경쟁을 벌이는 것 같았습니다. 나는 BBC를 사랑합니다. 우리가 영국에서 부르는 대로 하자면, "더 빕(The Beeb)"은 장단점을 가지고 있습니다. 장점은 해외 뉴스를 보도한다는 점이며, 단점은 고든 브라운이 어떤 사람이며 무슨 일을 하고 있는지를 볼 줄 모른다는 점입니다.

물론 이것이 나의 개인적인 편견일 수도 있습니다. 따라서 내가 과연 얼마나 진실되게 말하는지를 알고 싶다면, 직접 영국의 다양한 뉴스 채널들을 시청해 보기 바랍니다.

  주요 뉴스 매체는 대개 중도에 있거나 중도 좌파의 성향을 띱니다. 확실히 미국의 경우에는 MSNBC나 CNN이 그런 것으로 보입니다. 물론 얼마나 '오른쪽'으로 가 있느냐에 따라 상대적으로 '좌'로 보이기도 하지만 말입니다. 이 점은 종종 소위 '리버럴 미디어(liberal media)'[1]라고 일컬어지는 언론에 대한 기독교 진영의 반응을 이해할 수 있게 해 줍니다.

  나는 영국의 판토마임(pantomime, 무언극) 전통에서 자라면서 언제나 내가 볼 때 말이 안 되거나 동의하지 않는 이야기를 즐겨 시청해 왔습니다. 그런 일은 재미있고, 카타르시스(catharsis)도 되며, 도전을 주기도 합니다. 때로는 정말로 텔레비전 화면에다 대고 고함을 지르게 하기도 합니다. 좀 더 진지하게 보면, 그것이 나 혼자서 단정 지은 편견들을 현실적으로 점검해 보는 기회가 될 수도 있습니다. 그것이 나의 근본적인 성향을 바꾸지는 않는다 할지라도, 핵심 주제들에 대한 나의 의견들을 더욱 예리하게 재고하고 재정립하게 할 수는 있습니다. 그러나 내가 가장 염려하는 바는, 리버럴 미디어에 실망한 기독교인들

---

[1] 역자주 – 미국 공화당원들이나 그 지지자들은 보수적인 언론을 중립적인 것으로 보고, 중도에 있거나 중도 좌파에 있는 언론을 진보에 치우쳐 있는 것으로 주장하여 그 언론들을 소위 '리버럴 미디어'라고 지칭합니다.

이 대안적인 의견들을 전혀 또는 거의 고려조차도 하지 않는, 지나친 반응을 보이지 않을까 하는 것입니다. 그리하여 분명하지도 않고 중요하지도 않은 주장들이 전체를 다 삼켜 버리는 지경에 이르게 됩니다. 이렇게 불행한 현상의 중심에 '폭스 뉴스(Fox News)'가 있습니다. 이 보수 매체는 여러 가지 면에서 좌파의 주장을 짧고도 간단하게 전달하는 매체들에 대응하는 매체일 뿐입니다.

미국에 온 뒤 몇 주가 지났을 때, 나를 도와준 한 그리스도인 친구가 매일 저녁 폭스 뉴스를 시청해야 할 것이라고 나에게 말했습니다. 그 이유인즉, 그 친구의 말을 그대로 인용하자면 그 채널이 "치우치지 않은 뉴스 채널"이기 때문이라는 것입니다. 그 순간 나의 마음속에는 여러 가지 생각이 들었습니다. 내가 역사가로서 항상 구별하는 '객관성'과 '중립성'도 떠올랐습니다. 나는 강의실에서 "역사 서술에서 어느 누구도 중립적일 수는 없다. 그러나 역사가가 객관적일 수는 있다"라고 주장합니다. 우리는 다양한 관점에서 서술해 나가며, 모두 어느 정도 치우쳐 있습니다. 이 모든 전망들을 잘 확립된 역사적인 검증 방법을 통해 공적으로 검증할 수 있습니다. 어떤 역사가들은 이 구별을 배격하지만, 내가 아는 한, 명성 있는 역사가 중 어느 누구도 "치우치지 않은" 역사를 쓸 수 있다고 주장할 수는 없습니다.

그 친구의 조언에 고무된 나는 이제 곧 역사적 인식론의 성배, 즉 전혀 치우치지 않고 과거 사건들을 보도하는 접근 방식을 발견하게 되리라는 흥분을 안고서 텔레비전을 켜고 채널을 돌렸습니다. 그러나 나는 기가 막혀서 입이 딱 벌어졌습니다. 폭스 뉴스에서 내가 본 것은 치우치지 않은 것과는 너무나도 거리가 멀었습니다. 오히려 거기서는 내가 들어본 정치 논평 중에서도 가장 극단적으로 보수적인 정치 논평이 계속해서 흘러나왔습니다. 미국의 외교정책을 비판하는 사람은 누구든지 체제를 무너뜨리려는 진보주의자요 반(反)미국적인 반역자들로 매도되었습니다. 민주당원들은 타락하고 부패한 사람들이라고 도매급으로 조롱당했으며, 유럽인들은 모두 줏대 없는 사회주의자들로 간주되었고, 가장 확고한 보수주의 철학에서 조금이라도 벗어난 견해들은 기본 도덕이 무너진 징후라 여겨졌습니다.

  더 진행하기 전에 먼저 밝히지만, 나는 어떤 쟁점에 대해서든 특정한 방송사의 뉴스가 강력한 입장을 취하는 것이나 강력한 정치 노선을 주장하는 것을 전혀 문제 삼지 않습니다. 앞서 밝혔듯이, 나는 치우치지 않을 가능성을 믿지 않습니다. 나는 누군가가 어떤 견해를 가졌다고 하더라도, 그리고 그 견해를 바탕으로 언론 기관이 뉴스 기사나 논평의 방향을 정한다고 하더라도 거의 비판하지 않습니다. 또한 어떤 점을 지적하기 위해 노골적으로 과장하는 것에 대해서도 전혀 문제 삼지 않습니다. 틀림없이 나도 그런 잘못을 여러 번 저지르기 때문입니다. 문제는 그런 것들이 아니라, 이 두 가지 일이 실제로 일어나고 있다는 사실을 인식하지 못한다는 것입니다. 폭스 뉴스를 "치우치지 않은 뉴스 채널"이라고 말하는 것은, 폭스 뉴스에서 듣는 것은 다 '사실'인 반면 BBC 세계 소식이나 MSNBC, CNN 등의 다른 모든 방송에서 전하는 것은 어떤 식으로든 왜곡된 뉴스라고 생각하는 잘못을 범하는 것입니다.

충성된 사람들을 위한 설교들

참으로 이상하게도 미국의 보수적인 그리스도인들은, 대체로 그런 채널들의 파당적인 제휴 때문에 그들이 지지하는 정당들에 대해서뿐만 아니라 뉴스 채널들에 대해서도 파당적일 수 있습니다. 최근 한 목사와 저녁 식사를 했습니다. 그 목사는 나에게 자기가 MSNBC에서 본 어떤 뉴스에 대해 언급하자 어떤 교인들이 우려하면서 뭐라고 말했는지를 전해 주었습니다. 나 역시 잘 알려진 리버럴 블로그(liberal blog, 미국의 정치적 진보주의자들의 블로그)인 허핑턴 포스트(Huffington Post)를 공적인 발언에 인용한 일로 몇 차례 질책을 받았습니다. 내가 기억하는 한, 내가 언급한 그 기사들은 정치적인 것이 아니었는데도 말입니다. 허핑턴 포스트를 인용했다는 사실 자체만으로도, 즉 단순히 그 안에 읽을거리가 있다는 암시만으로도, 마치 중도 좌파에 속해 있는 어떤 사람이 "아이티(Haiti)에 지진이 일어났다"라는 기사를 썼다는 점만으로도 그 사실이 일부 진실하지 못하거나 근본적으로 전복적인 것으로 바뀌는 듯한 반응을 이끌어 내기에 충분했습니다.

폭스 채널의 전문 논평가인 글렌 벡(Glenn Beck)을 예로 들어 봅시다. 그는 미국에서 가장 인기 있는 보수적 논평가로 급속히 떠오르고 있으며, 폭스 채널의 열성분자가 되었습니다. 그의 전형적인 언급을 살펴보십시오.

"자, 이제 우리는 한 가지를 선택해야 합니다. 근본적으로 미국을 마르크스주의자 국가로 바꾸어 부를 흩어 나눠 주고, 요람에서부터 무덤까지 돌봐 주는 국가로 만들겠습니까? 또는 어느 누구도 작은 상처도 입지 않는 나라, 그리고 우리가 여러 나라에서 살펴본 것처럼 오직 총을 들이대야만 유지될 수 있는 나라로 만들겠습니까? 그렇지 않다면 정신을 차리고서 정부의 지출과 세금이 기업을 죽인다는 사실을 깨달아야 하지 않겠습니까? 그러므로 말 그대로 우리가 부은 것보다 서른 배나 더 지급하는 연금은 중단되어야 합니다."[2]

여러 가지 생각이 떠오릅니다. 첫째, 마르크스주의와 복지국가를 동일시하는 사람을 진지하게 대하기는 어렵습니다. 마르크스주의는 실제로 계급 투쟁과 자본의 운동이 역사를 움직이는 불가피한 동력이라고 보는 역사 철학이며 경제 조직 철학입니다. 그러나 복지국가는 특별히 마르크스주의자들의 전유물이 아닙니다. 철학적 무지가 특별히 토크쇼 사회자들의 전유물이 아니듯이 말입니다. 둘째, 복지국가가 어느 누구에게든 그 어떤 "작은 상처"도 입지 않게 해 주려고 고안된 것

---

2) 다음을 참고하십시오. http://www.foxnews.com/story/0,2933,586983,00.html. 2010년 2월 22일 접속.

이라는 주장은 말도 안 되는 소리입니다. 글렌 벡의 웹사이트(www.glennbeck.com)를 전부 조사해 봤지만, 복지국가 제도를 취하는 현대의 발달된 민주적인 경제 체제 중 그 어디에서도 복지국가의 진짜 의도에 대한 그의 주장을 지지해 줄 만한 자료를 전혀 찾을 수 없었습니다(전 국민 건강보험에 관해서도 미국을 제외하고 그것이 복지국가의 모든 것이라는 주장에 대해서도 마찬가지였습니다). 셋째, 복지 제도가 "오직 총을 들이대야만 유지될 수 있는 나라"들이 어디에 있습니까? 내가 말했다시피, 여기서 우리는 북한이나 미얀마 같은 나라가 아니라 미국처럼 산업화된 모든 민주주의 국가에 대해서 말하고 있습니다.

나는 영국에서 자라는 동안 총기류를 거의 본 적이 없습니다. 다만 농부들이 까마귀 떼를 쫓기 위해서 손에 든 엽총만 보았을 뿐입니다. 그리고 내가 유럽 대륙을 방문했을 때도 이따금씩 경찰들이 가죽으로 된 총지갑을 차고 있는 모습을 보았을 뿐입니다. 아마도 영국의 전 지역에서보다 매년 필라델피아의 거리에서 경찰이 발사하기 위해 정부가 구입하는 총탄의 수가 더 많을 것입니다. 이런 사실은 과연 어느 나라들이 총으로 질서를 유지하고 있는 것인지 의문을 불러 일으킵니다.

글렌 벡의 주장은 (가장 약하게 표현하여) 쓸데없는 주장입니다. 그것은 거창하지만 아무 의미 없는 미사여구일 뿐입니다. 그의 주장은 관련된 쟁점들에 대해 실질적인 지식을 전혀 제시하지 않습니다. 단지 편견을 더 강화시키고, 이미 세상에 대한 글렌 벡의 무시무시한 견해에 편승한 사람들 가운데서 격정을 불러 일으키려는 의도를 드러낼 뿐입니다. '그런 사람들'은 언제나 그 자리에서 우리를 설득하기 위해 온 힘을 다 쏟습니다. 그러나 글렌 벡의 주장에 동의하지 않는 사람들은 분명히 거기에서 자기들의 마음을 바꿀 만한 어떤 증거나 논리나 신중히 사용된 전문 용어 등을 전혀 발견하지 못할 것입니다. 만약 그런 증거를 요구한다면, 오히려 글렌 벡이 정의하듯이 미국의 방식을 뒤집어 엎으려는 또 하나의 진보주의의 시도라고 비난을 받을지도 모릅니다. 미국 보수파 라디오의 우두머리인 러시 림보(Rush Limbaugh)처럼 글렌 벡은 틀림없이 웃깁니다. 나는 그가 '몬티 파이돈'(Monty Python, 영국에서 예전에 방영되었던 코미디 프로그램의 제목)에서 "꼿꼿이하는 역할"을 맡은 D. P. 검비(D. P. Gumby)와 같은 희극 배우라고 생각합니다. 우리는 결코 떠벌이와 마이크와 격분시키는 재주를 진짜 정치 토론과 혼동해서는 안 됩니다.

폭스 채널에서 인기를 얻고 있는 또 한 사람의 진행자는 빌 오라일리(Bill O'Reilly)입니다. 그가 진행하는 '더 오라일리 팩터(The O'Reilly Factor)'는 최고의 케이블 뉴스 토크쇼라고 주장됩니다. 오라일리는 분명 글렌 벡보다는 좀 더 신사적이며, 글렌 벡처럼 예의 없고 시끄럽지는 않습니다. 그러나 오라일리가 사용하는 자료 역시 종종 인기에 영합하는 보수주의적인 상투어들을 모은 것에 지나지 않습니다. 사회주의에 대한 다음의 논평을 살펴봅시다.

"최근의 한 갤럽 여론 조사(Gallup poll) 결과는 도저히 믿을 수가 없습니다. 민주당원들의 53%를 포함해서 미국 사람의 36%가 사회주의에 대해 긍정적으로 생각한다고 합니다. 한편 공화당원들은 단지 17%만이 사회주의를 좋게 여기는 것으로 조사되었습니다.

사회주의는 우리 미국이 선택한 자본주의 체제와는 정반대입니다. 사회주의자는 정부가 사유재산을 통제하고 압류할 권한을 가지며, 재화와 용역의 분배를 규제할 권한을 가진다고 믿습니다. 이 말은 정부가 모든 권한을 다 가진다는 말입니다. 여러분은 하나도 가지지 못합니다. 피델 카스트로(Fidel Castro, 쿠바의 군인이자 정치가로 세계에서 가장 오래 집권한 지도자로 기네스북에 오름)를 보십시오. 그런데도 민주당원의 53%가 그것을 긍정적으로 생각한다는 말입니다. 참으로 믿기 어려운 일입니다."[3]

공화당원의 17%나 되는 사람들이 사회주의를 좋아하는 것 같다는 사실에서 우고 차베스가 상당한 위로를 받을 수도 있겠지만, 여기에 온갖 문제가 있습니다. '주의(-ism)'라는 말로 끝나는 거의 모든 단어들이 그러하듯이, '사회주의(Socialism)'도 상당히 넓은 범주를 가진 단어입니다. 따라서 "사회주의는 우리 미국이 선택한 자본주의 체제와는 정반대입니다"라고 주장하는 것은 잘못입니다. (또 하나의 귀찮은 '-주의'에 해당하는 단어인) 자본주의(Capitalism)가 실제 현장에서 어떻게 사

---

[3] 다음을 참고하십시오. http://www.foxnews.com/story/0,2933,585592,00.html. 2010년 2월 22일 접속.

용되는지를 보십시오. 이것은 매우 넓은 의미를 가진 용어입니다. 그러한 문제들을 순전히 추상적으로, 정의조차 되지 않은 막연한 수준에서 주장하는 것은 도움이 되지 않습니다. 예를 들어, 엄밀히 말해 마피아(Mafia)가 뒤를 봐 주는 갈취나 여러분의 이웃인 양 친한 척하는 마약 공급업자나 다 자본주의의 한 모습입니다. 그러나 오라일리는 내가 이 두 가지 예를 가지고서 자본주의를 정의하도록 허락하지는 않을 것입니다. 그렇게 하는 것은 정당하지 않습니다. 자본주의가 법의 지배에 전적으로 반대한다고 주장하는 것도 타당하지 않습니다.

나는 사회주의자가 아니며, 결코 사회주의자였던 적도 없습니다. 그러나 나의 조부모들은 사회주의자였습니다. 그렇지만 그분들은 오라일리의 말처럼 정부가 무조건 사유재산을 통제하거나 압류할 권한을 가진다고는 절대 믿지 않았습니다. 오라일리의 주장은 논리적으로 잘못되었습니다. 그의 주장을 이런 식으로 표현할 수도 있습니다. "피델 카스트로는 사회주의자이다. 그는 정부가 사유재산을 통제하고 압류할 권한을 가진다고 믿는다. 그러므로 사회주의는 정부가 사유재산을 통제하고 압류할 권한을 가진다는 견해이다." 비슷한 논리로 "마약 공급업자 데니(Denny)는 자본주의자이다. 왜냐하면 데니는 자기가 원한다면 누구에게든 불법으로 마약을 팔 권리가 자기에게 있다고 생각하기 때문이다. 그러므로 자본주의는 그 땅의 법에 상관없이 개인이 모든 사람에게 불법 마약류를 팔 권한을 가진다는 견해이다." 이것은 터무니없는 주장입니다. 그런데도 오라일리는 가장 인기 있는 시사 프로의 진행자이며, 분명히 보수적인 그리스도인들에게 영향력을 행사하고 있습니다. 그렇게 형편없는 주장이 엄청난 무게로 아주 많은 사람들에게 큰 영향력을 행사한다는 사실이 참으로 당혹스럽습니다.

사실상 민주적인 자본주의와 민주적인 사회주의의 차이는 거기에 순응하는 정도의 차이일 뿐이며, 국가 권력을 어느 정도로 행사해야 하느냐에 대한 논란일 뿐입니다. 무장한 군대나 도로와 철도 노선을 갖춘 나라라면 어디든지 언젠가 거의 확실하게 사유재산에 속했던 땅을 강제로 수용하도록 명령한 정부가 있었을 것입니다. 나는 글렌 벡이나 오라일리도 때때로 자기 사무실이나 방송국을 오갈 때 그런 식으로 강제로 수용하여 건설된 길을 사용했으리라 생각합니다.

일반적으로 말해서, 미국에서조차도 국방을 위한 기본적인 요소들은 가장 높은 금액을 불렀다고 해서 그 사람에게 맡겨지는 것이 아닙니다. 비록 최근에 '사설 경호 업체들'(이전에는 '용병'으로 알려졌음)이 등장했지만, 그래도 국방은 정부의 영역에 속합니다. 예를 들어, 건강보험에 정부가 개입한다고 해서 피델 카스트로가 지배하는 쿠바가 되는 것은 아닙니다. 오히려 그것은 단지 순전히 개인 기업이 사회의 모든 필요를 채워 주기에는 부적합하다는 원칙에 이미 담겨 있는 바를 확대시킨 것에 불과합니다. 그러한 확대가 바람직할 수도 있고, 그렇지 않을 수도 있습니다. 그러나 그것이 자유의 투사들과 쓸데없이 스탈린이나 열망하는 사람들 사이에서 일어나는 논란은 아닙니다.

모든 서구 경제의 혼합적인 성격에 비추어 볼 때, 자본주의가 어느 시점에 끝나고 사회주의가 언제 시작되는지를 명확하게 구별하기란 쉽지 않습니다. 오라일리가 규범화하고자 하는 특별한 종류의 사회주의는 극단적인 공산주의에나 해당될 것입니다.

오라일리의 생각이 단순하다는 점은 이어지는 단락에서 그가 중국에 대해 언급한 내용을 보면 더 잘 알 수 있습니다. 그는 중국이 자기가 묘사하는 사회주의의 예라는 듯이 말합니다. 그러나 그렇지 않습니다. 프란시스 후쿠야마(Francis Fukuyama) 같이 보수적인 사상가조차도 중국의 경제가 복잡하여 대표하는 바를 정확히 규정하기 어렵다는 것을 인정하면서, 사회주의보다는 '권위주의적 자본주의(authoritarian capitalism)'라는 용어를 선호합니다.[4] 무엇보다도, 오라일리와 그의 회사가 속한 단순한 우주에서는 아주 중요할지도 모르는 자본주의와 사회주의에 대한 구식 양극화를 설명하기에 과거의 중국은 적합했을지 모르지만, 오늘날의 세상을 설명하기에 현재의 중국은 더 이상 적합하지 않습니다.

글렌 벡과 오라일리 두 사람이 가장 해박하거나 논리적인 보수주의 논평가들은 아닙니다. 그러나 진짜 염려스러운 것은, 폭스 뉴스에서 일하는 그들과 그들의 동료들이 기본적인 많은 궤도들을 설정하고, 보수적인 그리스도인들의 세상에 대한 생각 속에 '묻지마 자료'의 대부분을 제공하는 것 같다는 점입니다(잊지 마십시오. 폭스 뉴스의 일꾼들은

---

4) 다음을 참고하십시오. "Is the Age of Democracy Over?" *The Spectator*, February 13, 2010.

치우치지 않은 뉴스 채널을 위해서 일하고 있다는 것을 말입니다). 종잡을 수 없는 그들의 논리와 거의 파악조차 하지 못한 채 마구 사용하는 단어들, (영국 출신의 사람들뿐만 아니라) 그 나라 출신인 사람들도 이해할 수 없는 다른 나라들에 대한 전반적인 평가들, 상당히 흑백논리적이고 마니교적인 우주관을 살펴보십시오. 단지 착한 사람과 나쁜 사람의 이야기라고 하기에는 세상이 전반적으로 훨씬 더 복잡해졌습니다. 그리스도인들은 이것을 알고 진실하고 공정하게 말하는 법을 높이 평가해야 하며, 이에 대해 지속적으로 관심을 가져야 합니다. 그런데도 폭스 뉴스는 MSNBC(또는 러시 림보가 때때로 일컫듯이 'PMSNBC')를 다양하게 '진보주의자'나 심지어 '마르크스주의자'라고 치부해 버리면서, 보수적인 복음주의자들이 선택하는 뉴스 채널이라는 특별한 지위를 누리고 있습니다. 이렇게 신성하게 여겨지는 모든 세상 지식의 원천이 기독교적 사고와 얼마나 타협할 수 있겠습니까?

그들의 음모론?

글렌 벡과 오라일리, 그 일단의 무리가 폭스 채널에서 강매하는 내용은 대부분 일종의 음모론입니다. 즉, '그들'(엘리트들, 진보주의자들, 민주당원들, MSNBC 사람들, 페미니스트들, 유럽인들, 아랍인들 등)이 (적어도 글렌 벡과 오라일리가 규정하는 식의) 미국의 생활 방식을 파괴하기 위해 나선 사람들이라는 것입니다. 이런 점에서 독자들이 내가 잠시 만들어 내는 음모론을 참고 들어 주기를 바랍니다. 방송망을 소유하고 있는 대중 매체계의 거물 루퍼트 머독을 예로 들어 봅시다. 그는 전 세계적인 인물입니다. 한 사람이 회사를 소유했다고 해서 그 회사 안에서 일어나는 모든 일들에 개입하는 것은 아닙니다. 머독의 미디어 제국처럼 크고 복잡한 사업은 말할 것도 없습니다. 그런데도 머독은 수십 년 동안 자기가 소유하고 있는 다양한 표현 수단들, 즉 신문과 출판, 텔레비전 방송의 편집 정책에 매우 적극적으로 개입하는 사람으로 명성을 날렸습니다.

토니 블레어(Tony Blair)는 1997년의 선거를 앞두고 영국 타블로이드판(tabloid 판, 보통 신문지의 절반 크기)인 '더선지(The Sun)'를 자기 편으로 만들기 위해 머독을 구슬려야 했습니다. 왜냐하면 1992년의 선거에서 '더선지'가 노동자 계층의 독자들에게 매우 큰 영향력을 행사하여 전혀 인기 없었던 존 메이저 정부를 거의 예상치 못한 승리로 이끌어 권력을 쥐게 한 것처럼 보였기 때문입니다. 당시 그 주간지의 머리기사의 제목은 "더선이 이겼다!"였습니다. 지금은 이 표현이 전설이 되었습니다. 블레어는 그런 재앙이 다시 반복되지 않기를 원했습니다. 만일 영국이나 미국의 정치인들이 자신에게 주목하는 때가 있다면, 바로 선거철일 것입니다. 그러하기에 머독이 여러 면에서 아주 중요한 편집 정책을 지도할 수 있었을 것입니다.

그렇지만 머독이 누구입니까? 내가 서론에서 지적했듯이, 그는 (영국 정당의 의미에서) 젊은 보수주의자였던 나를 오늘날 자유민주당(Liberal Democrat)에 투표하게끔 만든 장본인 중 한 사람입니다(비록 아직까지는 내가 자유민주당에 가입하지 않았지만 말입니다). 머독과 그의 신문사에서 '타임지(The Times)'의 앤드류 니일과 같은 역할을 하는 편집자들은, 1980년대에는 소련의 전체주의에 대항하여 대처 여사와 어깨를 나란히 하면서 보냈지만, 1990년대에 중국에 새로운 비옥한 시장이 열릴 가능성이 생겨나면서 큰 변화를 겪은 것으로 보입니다. 바로 그때가 홍콩의 마지막 총독인 크리스 패튼의 회고록 출간을 막은 때였습니다. 그의 회고록이 사업상의 문제를 일으킬까 봐 그랬던 것입니다. 이윤에 피해를 주지 않는 한에서만 자유가 중요한 것 같았습니다.

머독의 사생활을 본다면, 그는 기독교적인 덕을 보여 주는 귀감이 될 수 없습니다. 여기서 내가 분명히 밝히고 싶은 것은, 사업가의 사생활과 그가 판매하는 상품 사이에는 필연적인 관계가 전혀 없다는 것입니다. 그러나 그가 자신의 방송 매체들을 통해서 견해들을 팔고, 그렇게 해서 선전되는 견해들로 말미암아 적극적으로 이득을 취한다면, 그 사람이 도덕적으로 청렴한지에 대해 물을 필요가 있지 않겠습니까? 머독은 세 번이나 결혼했으며, 두 번 이혼했습니다. 특히 두 번째에는 아주 악독하게 이혼했습니다. 그리고 이혼한 뒤 몇 주 되지 않아 세 번째 아내와 결혼했습니다. 핵심은 이것입니다. 머독은 많은 보수적인 그리스도인들이 가정과 관련하여 소중히 여기고 애착을 갖는 가치대로 살아가는 사람이 아니라는 것입니다.

이렇게 말하고 보니, 앞 장에서 지적한 대로 기독교 우파는 진보주의자에 대해서는 어떤 개인적인 사소한 결점도 참지 못하면서, 우파 영웅들의 개인적인 실수들에 대해서는 종종 너무 쉽게 용서합니다. 여러 번 결혼하고 공공연하게 마약에 중독되었음을 고백했던 러시 림보를 너무나 쉽게 용서하듯이 말입니다.

그러나 그의 사생활을 넘어서, 머독의 미디어 제국은 적어도 기독교 세계에서 이해했던 바대로의 보수적인 가치들을 홍보하는 데 오히려 상당히 선택적이었습니다. 중국과의 관계에 대해서는 이미 지적한 바 있습니다. 머독의 세계에서는 돈과 관련된다면 민주주의만 협상할 수 있는 품목이 되는 것이 아니었습니다. 영국에서 가장 유명한 일간신문인 '더선지'를 예로 들어 봅시다.

'더선지'는 언론 매체의 기준을 최대한 내려 버린 타블로이드판으로 알려져 있습니다. '더선지'는 "그대들의 혁명 정부를 고수하라!"(1982년, 포클랜드 전쟁[Falklands Islands War]이 벌어지는 동안 대처 여사가 아르헨티나의 평화 제안을 거절했을 때 발간됨)라든가, "프레디 스타(Freddie Starr, 영국의 코미디언이자 가수)가 내 햄스터를 먹어 치웠어요"(1986년, 문제의 햄스터에겐 참으로 다행스럽게도 실제로는 완전히 꾸며 낸 이야기였음), "미치광이 브루노가 갇히다"(2003년, 이전에 권투 선수였던 프랭크 브루노[Frank Bruno]가 신경쇠약에 걸려 병원에 입원한 사실을 특히 민감한 1면에서 언급함)와 같이 재미있으면서도 으스스한 표제를 뽑아내는 것으로 유명합니다.

무엇보다도 '더선지'는 누드 모델(nude model)을 내보내는 데 기여한 것으로 유명합니다. 머독이 소유한 브리티시 타블로이드판의 3면은 영국에서 가장 아름다운 반(半)나체의 여성들의 일상 식단을 싣는 것으로 유명합니다. 실제로 인터넷 정보 검색망이 등장하기 전까지는 역사상 어느 누구보다도 머독에게 덜 노골적인 포르노그래피(soft pornography)를 수많은 가정에 들여보낸 책임이 있다고 말할 수 있습니다. 인터넷의 기준으로 볼 때 이것은 그리 저속하지 않은 편입니다. 그리고 오늘날 십 대들이 관람할 수 있도록 심의하여 통과된 영화들에서 볼 수 있는 것과 비교하더라도, 당시의 사진들은 덜 노골적이라고 할 수 있습니다. 그러나 조간신문을 펼칠 때 자기 딸이 신문의 3면에서 상반신을 드러낸 차림으로 자기들을 향해 미소 짓고 있는 모습을 보고서 좋아할 그리스도인 아버지가 얼마나 되겠습니까? 아마도 그리 많지 않을 것입니다. 그런데 이런 것들이 바로 광범위한 머독 제국의 모든 곳에 존재하는, 그가 그 제국을 운영해 나가는 기초 철학입니다. 사람들이 그런 사진을 더 많이 볼수록, 특정한 도덕적 입장보다는 어떤 상황 가운데서 어느 상품이 잘 팔릴 수 있는지를 고민하는 마케팅 전략을 더 자극할 것입니다.

한편 폭스 채널은 훨씬 더 교묘한 방식으로 보수적인 그리스도인들이 소중히 여기는 가치들을 깎아 먹고 있습니다. 인기 있는 만화영화 '심슨스(The Simpsons, 심슨네 가족들)'를 예로 들어 봅시다. 심슨 가족이 그리스도인 부모들이 바라는 이상을 대표한다는 점에 대해서는 아무도 시비를 걸지 않을 것입니다. 물론 몇몇 사람들은 아마도 우리의 가정이 우리가 원하는 것보다 훨씬 더 주인공 호머 심슨(Homer Simpson)과 다른 등장인물들에 가깝다고 종종 느낄 테지만 말입니다. '심슨스'는 폭스 채널에서 대성공을 거둔 이야기 중 하나임에 틀림없습니다. 지금은 시청하지 않지만, 몇 년 전에 몇 편을 보았는데, 때때로 그 만화영화가 미국 중산층의 삶의 속성을 매우 잘 잡아냈기 때문에 웃기면서도 가슴이 아팠습니다. 나는 우리 모두가 그 만화영화에서 묘사되는 인물들을 보면서 다른 사람들을, 그리고 어느 순간에는 우리 자신의 모습을 명료하게 인식할 수 있으리라 생각합니다. 예를 들어, 우리 중 얼마나 많은 사람들이 '크리스천' 역할을 맡은 네드 플랜더스(Ned Flanders, 심슨의 이웃으로 독실한 그리스도인입니다)를 보면서 우리 자신이 교회에서 겪는 당혹스러운 경험들이 노골적으로 드러나는 것을 보지 않을 수 있겠습니까?

  이 만화영화의 밑바닥에 깔려 반영되어 있는 가치들을 검토해 보십시오. 거기에 무엇이 있습니까? 부모에게 반항하는 자녀들(그리고 솔직히 자녀들의 반항이 오히려 적절한 대응처럼 보이게 만드는 부모들의 부패성과 어리석음), 얼빠진 바보들의 종교로 웃음거리가 되고 있는 기독교와 부패한 성직자들, 온갖 종류의 냉소적인 허튼소리들이 있습니다. 물론 즉각적인 반응은, '심슨스'는 그저 만화영화일 뿐이며 그것을 시청하는 사람은 누구나 만화영화와 실제의 차이를 구분할 수 있다는 대답일 것입니다. 어느 정도 맞는 대답입니다. 그러나 나는, 적어도 그것이 기회가 있을 때 얼른 벗어 버려야 할 유쾌하지 못한 현실을 반영한다고 생각하는 일단의 포스트모던 복음주의자들을 알고 있습니다. 그들은 네드 플랜더스를 자기들이 복음주의의 틀을 깨부수고 나온 이유로 내세우면서 자랑합니다.

나는 (의견들이 공개되고 토론이 붙는 곳일 뿐인) 허핑턴 포스트나 레이첼 매도우 쇼(The Rachel Maddow Show)를 기독교 안에서 그저 언급하기만 해도 기독교 우파로부터 끔찍하다는 비명을 들을 수 있는 세상에서, 폭스 뉴스와 '심슨스'의 교묘한 파괴를 연결하는 사람이 아무도 없다는 사실이 놀랍습니다. 그 둘은 결국 동일한 제국의 일부분으로서, 같은 제국에 돈을 벌어 주고 있습니다. 아마도 그들은 똑같은 시장 철학(market philosophy)에 속할 것입니다.

그런데 더 신경이 쓰이는 점이 있습니다. 바로 '심슨스'의 내용보다는 그것이 방송되는 시간대입니다. 미국의 동부 연안 지역에서 '심슨스'는 매일 저녁 6시에 방영됩니다. 저녁 6시는 일반적으로 전통적이고 보수적인 사람들이 가족들과 함께 식탁에 둘러앉아 자녀들과 대화하고 가족의 유대를 강화하는 시간입니다. 실제로 우리 가족은 대체로 그 시간에 그렇게 하고 있습니다. 그런데 폭스 채널은 바로 그 시간대에 가장 인기 있고 오랜 기간 방영되고 있으며 전복적인 만화영화 시리즈 중 하나를 편성함으로써 그런 가족 활동을 방해하고 있습니다. 그 내용이나 시간대가 미국식 생활을 전혀 장려하지 않습니다. 그렇지 않습니까? 전통적인 가정의 역동성에 더 큰 피해를 준 것이 있다면, 그것은 텔레비전의 보급일 것입니다. 게다가 폭스 채널은 돈이 되는 것이라면 무엇이든 하는 채널입니다.

　비교적 덜 노골적인 포르노그래피와 언론 자유의 억압과 '심슨스' 등을 통틀어서, 폭스 채널은 루퍼트 머독에게 아주 수지맞는 장사입니다. 그러나 잊지 마십시오. 반나체 사진으로 살짝 자극하면서 전통적인 가정의 가치를 무너뜨리는 이 전달자는 동시에 하퍼콜린스 출판사를 통해 NIV 성경의 판권을 소유하고 있으며, 미국에서 유일하게 "치우치지 않은" 뉴스 채널이라는 폭스 뉴스를 소유하고 있습니다.

　이상한 말이지만, 내가 대화를 나누어 본 폭스 채널의 팬들 중에는 이렇게 연결시키는 사람이 한 명도 없습니다. 많은 보수주의자들은 글렌 벡과 빌 오라일리와 그의 동료들이 미국의 방식을 변호하는 모습을 보면서, 그리고 (어쨌든 미국인에 의해서 선출된) 끔찍한 정부가 젊은이들과 전통적인 가치들을 뒤집어엎는 것을 보면서, 그들이 제시하는 정치 노선 때문에 폭스 아래 있는 다양한 채널들을 전적으로 신임하는 것처럼 보입니다. 동시에 그 젊은이들과 그들의 가족들은 전통주의자들의 최후이자 최상의 보루로 제시되는 바로 그 미디어 제국에 의해 뒤엎어지고 있습니다.

　물론 어떤 가정이든 저녁 6시에 반드시 '심슨스'를 시청해야 하는 것은 아닙니다. 모든 사람이 선거에서 진보주의 후보에게 투표하거나 레이첼 매도우가 전해 주는 뉴스 기사를 믿어야 하는 것은 아니듯이 말입니다. 그러나 오리에게 좋은 것이 거위에게도 좋다고, 만일 레이첼 매도우를 MSNBC의 위험한 징후라고 본다면, 폭스 채널의 밑바닥에 깔려 훨씬 더 교묘하고도 은밀하며 잠재적으로 체제를 무너뜨리는 것들에도 똑같은 잣대를 적용해야 하지 않겠습니까?

핵심은 이것입니다. 보수적 가치들을 용감하게 옹호하고 방어하는 폭스의 정치적 자세라는 것은 그저 그런 자세에 불과합니다. 신문의 3면에 등장하는 덜 노골적인 포르노그래피와 앳된 소년들의 사진이든 '심슨스'의 방영 시간대와 줄거리이든, 그것들은 정확히 그런 가치들을 무너뜨리는 가치들과 실천들을 증대시키는 제국의 일부분입니다. 머독은 돈을 벌고 싶어합니다. 유서 깊은 방식대로, 그는 우리가 무엇을 좋아하고 또 얼마나 좋아하는지를 알기에, 바로 그런 식으로 우리가 그것을 가질 수 있도록 해 주고 있는 것입니다.

하나님께서 주신 비판 능력을 활용하라

지금까지 내가 폭스 채널에 대해 쓴 모든 내용에 대한 명백한 답변은 이것입니다. 다른 채널들과 다른 방송들 역시 똑같이 나쁘고 똑같이 편향적입니다. 다른 채널과 방송 소유자들도 나름대로 약점과 해결해야 할 문제들을 가지고 있습니다. 모두가 선택적으로 상당히 삐딱한 세계관을 투영하고 있습니다. 맞습니다. 다른 방송들도 다 그렇습니다. 그러나 여기서 내가 지적하려는 첫 번째 핵심은, 모든 뉴스 채널들이 다 각자의 편향성과 목표를 가지고 있으며, 그것은 다 자금을 대는 사람들에 의해 형성되고, 폭스 채널도 결코 예외가 아니라는 것입니다.

그러므로 어느 누구도 "폭스 채널은 치우치지 않은 뉴스 채널이다"라는 허튼소리를 해서는 안 됩니다. 특히 죄가 인간의 심리에 미치는 사악하고도 복잡한 영향력을 이해하는 그리스도인들은 그와 같은 모든 매체에 대해 어느 정도 의심해 보아야 합니다. 폭스 채널은 치우치지 않은 채널이 아닙니다. 결코 다른 방송사보다 치우치지 않은 적이 없었으며, 솔직히 결코 치우치지 않을 수도 없습니다. 그렇습니다. 키이스 올버만(Keith Olbermann)과 같은 진보주의 논평자도 글렌 벡과 빌 오라일리만큼이나 정치 분석에서 색깔이 분명하며, 왜곡된 점이 있는 것이 사실입니다. 그래서 진지한 정치 토론의 관점에서 나는 그 방송국들을 모두 '빌어먹을 것들'이라고 말합니다.

뉴스를 시청할 때 그리스도인들은 절충적인 방식으로 접근해야 합니다. 글렌 벡을 비롯하여 "복지는 전체주의를 뜻한다"라는 식의 조잡하고 저의가 분명하며 때때로 솔직히 자명하게 부정직한 용어와 논리와 기준과 증거로 주장을 펼치면서 세계에 대한 자신들의 관점을 그저 확인할 뿐인 진행자들을 의지해서는 안 됩니다. 어떤 의미에서 현재 우리는 그런 매체에 의존하여 바깥의 넓은 세상에 대한 우리의 견해를 성립합니다. 그런 매체들이 그 세계에 접근하게 해 주고 있습니다. 그러나 우리에게는 시대의 큰 쟁점들에 대한 다양한 견해들을 접해 보아야 할 의무가 있습니다.

여기서 우리는 많은 보수적 그리스도인들의 심리에 자리 잡고 있는 이상한 모순덩어리를 발견합니다. 그저 허핑턴 포스트를 읽거나 레이첼 매도우 쇼를 시청하기만 해도 사람들이 낙태를 옹호하는 열렬한 공산주의자가 되어 버릴 것 같은 두려움에 사로잡혀 있는 듯합니다. 반면 보수적인 대중 매체가 기독교의 가치들로부터 벗어나게 하는 데도 똑같은 영향력을 가진다는 점에 대해서는 전혀 두려워하지 않는 것 같습니다. 글렌 벡의 방송을 시청하면 용어를 정확히 쓰거나 다른 관점을 존중하는 능력이 파괴된다는 점에 대해서는 전혀 걱정하지 않는 것 같습니다. 빌 오라일리가 자주 범하는 논리의 비약 때문에 청중들이 제대로 된 논리를 구축할 수 없게 된다는 점에 대해서는 전혀 염려하지 않는 것 같습니다.

이와 더불어 기독교와 도저히 양립할 수 없는 그 모든 은근한 징후들은 무엇이겠습니까? 폭스 채널은 상업방송입니다. 폭스 채널의 프로그램들은 온갖 것들에 대한 엄청난 광고로 연결되어 있습니다. 그 광고는 대부분 '인생의 본질이 특정한 상품들을 구입하는 것'이라는 명확한 신호를 보냅니다. 만일 여러분이 레이첼 매도우 쇼를 시청한 사람들이 동성애자로 변하게 될 것이라고 생각한다면, 여러분은 또한 상업방송이 우리를 '우리의 실존적인 의미를 찾기 위해서 다음에 구매할 상품을 찾는 것' 외에는 생각하지 않는 탐욕스러운 물질주의자로 만들 것임을 확실히 믿어야 할 것입니다.

인간이라는 존재는 스스로 생각하도록 만들어 주는 두뇌를 가진 비판적인 피조물이든지, 아니면 마치 스펀지처럼 무엇이든 그저 제3자가 전해 주는 대로 받아들이는 존재일 것입니다. 성경적으로 말하자면, 아마도 전자일 것입니다. 예를 들어, 누가는 증인들과 목격자들과 대화하면서 그의 역사를 기록했습니다. 그래서 우리는 자기가 판단하기에 믿을 만한 자료들만을 사용하고 나머지는 버렸을 것이라고 단정할 수 있습니다. 베뢰아 사람들은 복음을 들었을 때 성경을 직접 찾아서 과연 복음이 자기들이 들은 그대로인지를 확인했습니다(행 17:10,11 참고). 여기에는 비평적인 기능이 잘 나타나 있습니다.

주후 2세기에 기독교가 로마 제국을 관통하기 시작했을 때, 그리스의 변증가들이라고 일컬어지는 여러 사상가들이 있었습니다. 그들은 광장에서 기독교를 변증하는 일을 스스로 맡아서 했습니다. 그들의 가장 강력한 논증 중 하나는 그리스도인들이 결코 공공질서를 무너뜨리는 자들이 아니며(물론 당시의 공공질서라는 것은 기독교적인 공공질서와는 아주 거리가 멀었습니다), 실제로 열심히 일하고 충성하며 복종하는 훌륭한 시민들을 만들어 낸다는 것이었습니다. 후에 칼빈(Calvin)도 그의 『기독교 강요』(Institutes of the Christian Religion) 서문에서 본질적으로 똑같은 점을 지적했습니다.

오늘날 우리의 책무 역시 조금도 다르지 않습니다. 우리는 이 세상에서 훌륭한 시민이 되라는 부르심을 받았습니다. 그리고 민주주의 사회에서 훌륭한 시민이 되기 위해서는 시간이 허락하는 한 정말로 중요한 문제들에 대해 깊이 숙고하고, 올바른 정보를 기초로 하는 많은 의견들을 알아야 합니다. 우리의 편견을 그대로 확인시켜 주는 것들에 둘러싸여 있는 것이 아니라 다양한 견해를 경청하고자 노력해야 합니다. 이야기하기를 좋아하는 많은 포스트모던주의자들이 말하듯이, 경청은 그 자체가 목적이 아닙니다. 경청의 목적은 더 정확한 정보를 얻고 더 나은 토대를 확보하며 더 좋은 의견을 펼치는 것입니다. 그렇게 하기 위해서는 단순히 우리의 배짱에 맞는 확신을 계속 확인시켜 주는 뉴스가 아니라 그 이상의 뉴스를 시청해야 합니다.

여기서 나는 기본적으로 사람들이 폭스 채널에서 MSNBC로 바꿔야 한다거나, 글렌 벡에서 키이스 올버만으로 바꿔야 한다고 주장하는 것이 아닙니다. 물론 극단적인 보수 정치를 외치면서도 보수적인 그리스도인들이 애지중지하는 모든 것에 정반대되는 활동들을 벌이는 미디어 제국을 선호하는 보수적인 그리스도인들의 성향이 이상하긴 합니다. 그러나 이 점과 관련해서 다른 채널들도 다 똑같습니다. 대중 매체를 소유한 재벌들의 목적은 진리를 전하는 것이 아니라 돈을 버는 것입니다. 그러므로 우리는 이 점을 인정하고 시작해야 합니다.

내가 말하려는 요점은 그리스도인들이 어떤 편향적인 뉴스 채널을 버리고 다른 채널로 옮겨 가야 한다는 것이 아닙니다. 모든 사람들 중에서도 그리스도인들은 시민으로서 자신에게 부과된 책임을 진지하게 생각하고, 중요한 쟁점들에 대해서 가능한 한 많은 것을 알고자 모든 노력을 기울여야 한다는 것입니다. 글렌 벡 쇼도 시청하고, 러시 림보의 라디오 방송도 들어 보고, 만일 필요하다면 올버만 쇼도 시청하십시오. 다만 이 사람들이 세상에 대한 가장 진지하고도 사려 깊은 논평자들이라고 착각하지는 마십시오. 오히려 그들은 풍자적인 희극에 등장하는 인물들입니다. 상당히 재미있으면서도 터무니없습니다.

여러분이 접하는 쟁점들의 복잡성을 다양한 측면에서 제대로 알기 위해서 진지한 뉴스 프로그램들을 시청하십시오. 그저 30초짜리 이야기와 짤막한 영상으로 쟁점들을 다루기보다는 더욱 심도 있게 쟁점들을 다룰 수 있는, 온건하고도 생각이 깊은 잡지나 신문을 구입해서 읽으면 더 좋습니다. 사회에는 글렌 벡이나 키이스 올버만이나 빌 오라일리와 같은 사람들보다 훨씬 더 잘 알고 더 잘 표현하는 그리스도인들이 필요합니다. 우리가 다시 한번 그리스의 변증가들이 되어 봅시다. 그리하여 그저 상투적인 말이나 비방이나 정신병자와 같은 음모론들에 불과한 것을 전달하는 것이 아니라, 가장 정확히 알며 생각이 깊은 훌륭한 시민들로서 사실을 전하는 시민의 힘을 보여 줍시다.

Living Life to the Max

4장
멋진 인생 살기

막스 베버, 자본주의를 지루하게 만들다

   정치와 관련하여 보수적인 기독교 세계는 몇 가지 이상한 동맹을 맺습니다. 많은 선량한 그리스도인들과 루퍼트 머독의 폭스 채널이 맺은 동맹이 그중 하나입니다. 그 동맹은 인기 있는 텔레비전 프로그램을 선택하는 수준에서 작용합니다. 좀 더 기이하면서도 지적인 동맹으로는 보수적인 그리스도인들과 영향력 있는 독일의 사상가가 맺은 동맹입니다. 이제 그 동맹에 대해서 살펴보겠습니다.

   막스 베버(Max Weber)는 일반적으로 칼 마르크스와 에밀 뒤르켐(Emile Durkheim)과 더불어 근대 사회과학의 기초를 세운 사람으로 간주됩니다. 그의 주요 저작이자 유일하게 그가 살아 있을 때 출간된 책이 바로 『프로테스탄트 윤리와 자본주의 정신』(The Protestant Ethic and the Spirit of Capitalism[Die Protestantische Ethik und der Geist des Kapitalismus])입니다. 이 책에서 그는 마르크스주의가 제시한 '자본주의의 발흥의 이유'에 대해서 다르게 설명하려고 시도합니다. 마르크스주의는 자본주의를 유물론의 맥락에서 엄격하게 물질주의적으로만 다루고, 그것을 계급 간의 지속적인 경제적 투쟁의 한 단계로 보았습니다. 그러나 막스 베버는 자본주의의 발흥이 궁극적으로 순전히 물질적인 것에서 기원한 것이 아니라 그 이상의 것에서 기원한다고 주장했습니다. 그는 물질적인 기원 대신에 프로테스탄티즘(Protestantism, 개신교) 또는 적어도 프로테스탄티즘의 한 유형과, 자본주의의 생활과 실천의 발흥을 촉진시키는 데 중요한 역할을 했던 가치들과 행태들 사이에 존재하는 어떤 유사성을 보았습니다.

막스 베버는 개신교의 '소명(부르심)' 개념을 혁명적이고도 실제적인 것으로 보았습니다. 소명 개념이란, 하나님의 영광을 위해 행하는 모든 과업이 성스러울 수 있다는 사상입니다. 루터와 그의 동료들은 중세 사회에서 일을 하며 살아가는 데 핵심적이었던 성속의 구분과 계급제도를 단번에 폐지했습니다. 그러나 막스 베버는 루터의 접근 방식을 여전히 보수적인 것으로 간주했습니다. 그는 사람이 자신의 소명을 받아들이는 것과 관련된 종교개혁자의 주장은 실제로 사회 지위의 맥락에서 현상을 유지하기 위한 것일 뿐이라고 말했습니다.

막스 베버는 개신교와 자본주의 윤리의 진짜 유사성을 칼빈주의 신학 전통에서 발견할 수 있다고 말합니다. 칼빈주의가 예정(predestination)을 강조함으로써 하나님의 사랑에 대한 확신에 문제를 일으켰다는 것입니다. 구원의 확신이 종교개혁이 일어나는 데 매우 중요한 역할을 했다는 점을 생각할 때 참으로 모순적입니다. 이 문제가 다시 내면의 성찰과 (꾸준히 일기를 쓰는 청교도의 습관을 통해서) 생활의 합리화로, 또한 열심히 수고함으로써 얻는 이윤을 하나님의 은총과 선택의 표시라는 개념으로 인도했다는 것입니다. 물론 막스 베버는 때가 되면 자본주의 윤리가 자체의 생명력을 얻어 그 윤리를 발생시킨 개신교의 굴레를 벗어 버릴 것이라고 보았습니다. 그러나 처음에는 그것이 자본주의의 형성과 발전의 속도에 매우 중요한 역할을 했다고 주장했습니다.

막스 베버의 논지에는 여러 가지 문제점이 있습니다. 첫째, 그가 이해한 프로테스탄티즘에 문제가 있습니다. 칼빈주의가 개인의 불안과 불안정을 발생시켰다는 그의 명제는 큰 논란거리가 되는 주장입니다. 그래서 이 주장은 여러 해 동안 신학적인 비판을 받았습니다.

둘째, 그 주장의 논리에 내적인 문제가 있습니다. 막스 베버는 당시에 자신이 증명하고자 했던 특별한 사실을 전제했습니다. 그것은 그가 관찰한 현상들에서 프로테스탄티즘이 차지하는 중요성입니다. 다시 말해서, 그의 주장에는 순환논리가 들어 있습니다. 자본주의의 성공 원인에 대한 다른 가능성들을 살펴보면, 베버의 주장이 가진 약점을 쉽게 찾을 수 있습니다. 예를 들어, 자본주의의 동력이 된 윤리와 실천, 즉 부지런한 노동과 풍부한 자원과 아껴 쓰는 습관이 프로테스탄티즘에서 비롯된 것입니까, 아니면 다른 데서 비롯된 것입니까? 아마도 이 맥락에서 중요한 것은 개신교가 아니라 그 종교가 처해 있던 사회의 변두리에 있는 사람들일 것입니다.

오랜 세월 동안 자본주의 사회의 가장 확실한 대표 주자들을 낳은 유태인들을 예로 들겠습니다. 그들로 하여금 그렇게 자본주의에 앞장서게 만든 것이 프로테스탄티즘입니까? 명백히 아닙니다. 그렇다면 조금 막연한 '유대-기독교 세계관(Judeo-Christian worldview)'입니까? 그럴 가능성은 있습니다. 비록 나의 유태인 친구는 기독교 세계관이라는 것이 일반적으로 그리스도인들이 사용하는 용어라는 이유로 '유대-기독교 세계관'이라는 용어를 사용하는 데 반발하긴 하지만 말입니다. 나는 그들이 주변부로 밀려났다는 점이 핵심이라고 생각합니다. 유태인들의 역사를 살펴보면, 유럽에서는 오랜 세월 동안 그들이 기존의 자리(공적인 업무를 보는 일이나 대학교나 정부 등에서 하는 일)에서 할 수 있는 일이 거의 없었습니다. 그래서 그들은 이자를 받고 돈을 빌려 준다든지, 은행에서 일한다든지, 상업(무역)에 종사한다든지 하는 일밖에 할 수 없었습니다.

19세기 영국에서 일어난 산업혁명의 원동력을 살펴보면, 확실히 신흥 산업에서 퀘이커(Quakers)와 같은 비국교도들이 중요한 역할을 담당한 것을 알 수 있습니다. 그러나 그들의 종교적 신조들이 이 점에 대한 일차적인 원인이라고 할 만한 근거가 즉각적으로 명료하게 드러나지는 않습니다. 특히 퀘이커들은 소위 '칼빈주의적 병리 현상(Calvinist pathologies, 불안이나 안전 추구 등의 현상)'을 거의 겪지 않았습니다. 적어도 17세기 이후에 비국교도들이 기성 체제에서 배제되었다는 사실은 그들에게 장사나 상업 등보다 더 나은 선택 사항이 거의 없었음을 의미한다고 할 수 있습니다.

막스 베버의 논지의 세 번째 문제점은, 그의 설명이 일본과 한국, 후기 중국과 같은 아시아 경제의 발흥에 대한 이유를 제시할 수 없다는 것입니다. 왜냐하면 그 나라들에는 개신교와의 연결 고리가 전혀 없기 때문입니다. 물론 이것은 막스 베버의 논지에 대해 제기한 첫 번째 문제점보다 치명적이지는 않습니다. 막스 베버는 왜 자본주의가 서구 유럽에서 그런 식으로 발전했는가를 설명하려고 노력했을 뿐이기 때문입니다. 그의 설명은 결정적인 이론이 아니기 때문에 다른 곳에 적용해서는 안 됩니다. 그러나 이 세 번째 논점은 개신교와 성공적인 자본주의 사이에 필연적인 연관성이 있다고 주장하려는 그리스도인들에게는 의미가 있습니다. 바로 그 점에 대해 지적하려는 것입니다.

막스 베버의 논지의 네 번째 문제점은, 솔직히 말해서 그가 자본주의를 상당히 지루하고도 단조롭게, 즉 고된 노동과 축적이라는 따분하고도 음울한 세계로 만든다는 것입니다. 모순적이게도 마르크스는 이 점에서 베버보다는 자본주의 정신에 대해 훨씬 더 좋게 말합니다. 마르크스는 자본주의가 자극적이고 창의적이며 강력해서 모든 실재를 다시 형성하게 하는 힘을 가졌다고 보았습니다. 확실히 자본주의에 대한 마르크스의 묘사는 막스 베버의 글보다는 오늘날 우리가 알고 있는 현실에 훨씬 더 근접한 것이 사실입니다. 높은 생활 수준을 가진 편리한 신용 사회라는 세상에서 자본주의는 자극적이며 매력적으로 디자인된 아이패드(iPad)의 세계이지, 부채와 신용도를 적어 놓은 먼지 덮인 장부의 세계가 아닙니다. 좋은 와인이나 즐거운 크루즈(cruises) 여행, 아름다운 것을 소유하고 새로운 즐거움을 경험하고 싶은 욕망과 자극과 창의성이 자본주의 윤리를 이끌어 가는 힘입니다. 거기에는 항상 획득과 축적에 대한 즐거움, 더 소유하고 더 나아지고 싶은 욕망이 분명히 있었습니다.

순간의 절대화

막스 베버의 논지가 문제점들을 가지고 있다 하더라도, 그것은 미국의 신학과 미국적 방식의 중심 신조(자본주의식 자유시장) 사이에서 찾는 긴밀한 관계에 민감한 미국의 그리스도인들에게 다소 매력적이었습니다. 그 연관성은 유용합니다. 만일 기독교의 진리와 자본주의식 번영 사이에 어떤 연관성이 있다면, 자본주의가 바로 하나님이 주신 사회의 조직 방식이라고 할 수 있기 때문입니다. 바로 여기에 미국에서 사회주의와 같은 용어가 너무나 자주 기독교에 반대되는 것처럼 여겨지는 이유가 있습니다.

기독교인들이 노동당과 노동조합 운동의 초기 역사에서 중요한 역할을 한 영국에서는 역사적으로 이런 개념을 도저히 생각할 수조차 없습니다. 실제로 이 책을 쓰는 동안 나는 이전에 광산 지대였던 곳의 가난한 사람들 틈에서 수고하는 웨일즈(Wales)의 복음주의 목회자들에게 하루 동안 강연하는 특권을 누렸습니다. 그들은 복음적인 그리스도인이 중도 우파인 자본주의당에 투표한다는 것을 도저히 생각할 수 없었습니다. 그런 것이 바로 신학과 정치의 관계에 영향을 미치는 상황적 특징입니다. 그러나 미국의 입장에서 자본주의와 미국적 방식의 관계를 생각해 볼 때, 일상적으로 그려지는 기독교와 자본주의의 관계는 '미국식 사회 조직이 다른 나라들의 사회 조직보다 더 우월하며, 하나님의 특별한 복을 받아 누리는 것을 보여 준다'고 주장하는 것 같습니다.

여기에는 여러 가지 문제점이 있습니다. 첫째, 현재 이곳에서 이루어지는 방식이 항상 어디에든 적용되어야만 하는 것인 양 생각하는 유혹이, 잘 보이지는 않지만 언제나 존재한다는 사실을 깨달아야 합니다. 이것은 매우 중요한 일입니다. 19세기에 영향력을 행사했던 많은 사상가들은 역사를 정적인 상태가 아니라 진행해 나가는 과정으로 보았습니다. 과학 분야에서는 진화를 주장한 찰스 다윈(Charles Darwin)이 있었고, 교회 쪽에서는 존 헨리 뉴먼(John Henry Newman)이 있었습니다. 뉴먼은 초대 교회의 교리 발전에 대해 연구하면서 권위의 성격에 대해 깊이 숙고하였고, 결국 영국 국교회를 떠나 로마 가톨릭교도가 되었습니다. 한편 역사 철학 쪽에서는 헤겔과 그의 다양한 지적 자식들이 있었습니다. 그중에 가장 주목할 만한 사람이 바로 칼 마르크스입니다. 그들은 역사의 발전이 정점을 향해 막힘없이 진행되어 나가다가 그 정점에 이르면 모든 긴장들(헤겔에게는 영적인 긴장들이요 마르크스에게는 물질적인 긴장들)이 해소될 것이라고 생각했습니다.

이 모든 주장들에는 공통적으로 진보에 대한 신념이 담겨 있었습니다. 모든 것이 우리가 가장 이상적이라고 생각하는 상태를 향해 더욱 가까이 움직여 가고 있다는 것입니다. 비록 그 상태에 아직 완벽하게 이르지는 못하더라도 더 가까이 나아가고 있다는 것입니다. 동일한 종류의 사상이 산업적, 과학적 사고방식의 밑바탕에 깔려 있습니다. 대단한 번영과 효율, 더욱 정확한 현실 파악과 이상을 향해 나아가는 움직임이 당장의 과업의 일부요 올바른 사고와 노력을 적용한 필연적 결과로 여겨졌습니다.

미국이 헤겔에게서 매우 큰 영향을 받아 미국을 역사의 목적과 동일시하게 되었다고 말하는 것은 지나친 과장일 것입니다. 그러나 많은 미국인들이 자신을 헤겔주의자로 의식하지는 않을지라도, 가치와 제도와 일을 이루어 가는 미국의 일반적인 방식들이 현존하는 최고의 방식이요 인류의 미래라는 사상이 미국 문화에 깊이 새겨져 있는 것은 틀림없습니다. 이것은 놀라운 일이 아닙니다. 그것은 지배적인 정치 세력들의 전형적인 특징입니다. 주전 첫 몇 세기 동안은 로마가 곧 규범이었으며, 19세기 후반에 영국도 그러했습니다. 특히 영국은 오늘날 우리가 보는 바와 같이 그런 문화에서 비롯된 우스운 예를 많이 제공해 줍니다. "영국인으로 태어나는 것은 인생이라는 복권에 일 등으로 당첨되는 것이다"라는 유명한 말도 있습니다. 또 "만일 다른 민족으로 태어난 사람들에게 묻는다면, 대부분이 영국인으로 태어났으면 한다고 말할 것이다"라는 말도 있습니다. 제2차 세계대전 이후 냉전에서 승리했다는 인식과 미국의 지배는, 미래라는 것이 정복되기 위해 있는 것이며 특히 미국식으로 정복되기 위해 존재한다는 개척 정신을 더욱 강화시킨 것으로 보입니다.

그러나 21세기에 접어들면서 미래에 대한 미국의 전망이 의심을 받게 되었습니다. 민주적 자본주의라는 멋진 미국 상표의 승리가 1989년보다는 훨씬 더 불확실해 보였습니다. 다시 일어나는 이슬람 근본주의와 전 세계에 휘몰아친 난폭한 민족 갈등, 무엇보다도 중국 자본의 등장과 지배는 이전에 가졌던 온갖 확실성에 의문을 불러 일으켰습니다.

다음으로 중국에 대해 생각해 봅시다. 정치적이거나 이념적인 측면을 지적하려는 것이 아닙니다. 나의 요점을 간단히 말하자면, 과거 어느 시대와 비교하여, 그리고 곧 과거가 되어 버릴 현재의 사회 조직과 그에 부속된 제도와 관습과 가치들을 절대화할 근거가 전혀 없다는 것입니다. 봉건주의가 정점에 달했을 때, 봉건주의는 '미래의 물결'처럼 여겨졌습니다. 그러나 그 봉건주의는 적어도 서구 사회에서는 사라져 버렸습니다. 유럽의 제국주의도 영원히 세계를 지배할 것처럼 보였습니다. 그러나 19세기 말의 어느 날, 두 차례의 세계대전이 발발하면서 그런 생각을 끝장내 버렸습니다. 우리는 현재 일이 진행되는 방식이 계속 개선되어 나가는 역사적 과정의 이상적인 마지막을 대변한다고 생각해서는 절대 안 됩니다. 그것은 우리의 기본적인 우상 숭배와 관행을 내포하고 있는 이교도적인 사상입니다.

좀 더 예리하게 말하자면, 미국식 민주적 자본주의가 지금까지 고안된 사회 조직 중에서 가장 좋은 체제인 듯하다는 사실은, 이전에는 없었던 방식으로 '실재'를 대표한다거나, 경제의 측면에서 역사의 종말이 도래한 듯 여겨진다거나, 그 체제를 뛰어넘을 만한 발전은 더 이상 없으며 불가피하게 그 체제가 지구 전체로 서서히 퍼져 나갈 수밖에 없다는 의미를 담고 있지는 않습니다. 그 체제가 나쁘다는 말이 아닙니다. 단지 그 체제가 역사의 마지막을 대변한다는 듯이 그것을 절대화해서는 안 된다는 말입니다.

자본주의와 자유시장경제에 대한 두 번째 요점으로, 국가의 역할을 최소화하려는 보수적 그리스도인들은 자유시장 철학자들과 더불어 매우 인기 있는 '시장의 도덕성'에 대한 담론이 지극히 그릇된 길로 이끌 가능성이 높다는 사실을 이해해야 합니다. 시장은 단지 '이윤'이라는 한 가지 기본 원칙을 가지고 있을 뿐입니다. 다른 것은 모두 이 기본 원칙에서 파생되며, 이 기본 원칙과 연결되어 있습니다.

몇몇 그리스도인은 악은 본질적으로 워싱턴(Washington)으로 대표되는 정부의 전유물이며, 사적인 기업들의 경영자들만이 우리의 이익을 중심에 두고 있다고 말합니다. 또는 적어도 그들이 시장의 힘에 저항할 수 없기 때문에 우리를 공정하게 대할 수밖에 없다고 생각합니다. 그래서 정부에서 시행하는 건강보험은 관료들이 규제하기 때문에 나쁜 반면, 민간 건강보험은 그런 규제가 없기 때문에 좋다고 말합니다. 물론 이러한 주장은 모든 보험회사가 가입자들이 마음대로 쓸 수 있을 만큼 무제한적인 자본을 소유하고 있으며, 따라서 중요한 치료를 받으려는 피고용인들(직장인들)의 청구가 절대 거부당하지 않을 것이라는 가정에서 비롯됩니다. 그러므로 민간 건강보험은 결코 익명의 관료들이 규제할 수 없다는 것입니다. 여러분은 아마 웃을 것입니다. 그러나 나는 그리스도인들이 이 주제에 대해 논의하면서 그와 같은 전제로 진지하게 주장하는 것을 본 적이 있습니다.

마가렛 대처 수상과 로날드 레이건 대통령은 전통적인 가치들(영국과 미국에서 이해했던 대로의 전통 가치들)과 자유시장경제를 하나로 묶을 수 있는 천재적인 능력을 가지고 있었습니다. 이 능력으로 그들은 전형적인 계급의 구분을 뛰어넘는 선거단을 형성할 수 있었습니다. 때때로 노동자 계층이 중산층보다 사회적으로 더 보수적이기 때문입니다.

그러나 1980년대 이후 그러한 조합이 놀라울 정도로 잘 흩어지며, 효율성과 부의 창출과 이윤에 근거한 주장들이 보수 우파에게는 위험한 양날을 가진 칼이라는 사실이 명확히 드러났습니다. 어떤 사람은 최근에 동성애자의 결혼을 금지하는 안건을 가지고서 캘리포니아에서 실시한 투표를 둘러싼 소동에 대해 보수파가 승리했다고 생각합니다. 그러나 곧이어 그 일이 동성애 관광 산업을 통해 벌어들이던 '핑크 달러(pink dollars)'[1]를 모두 몰아냄으로써 이미 비참해진 지역 경제에 큰 타격을 입히고 있다는 주장이 나왔습니다. 이처럼 부의 창출이라는 원칙

---

1) 역자주 – '핑크 달러(pink dollars)'란 동성애 소비자들의 구매력을 지칭하는 용어입니다.

에 따라 살아가는 사람들은 부의 창출이라는 원칙 때문에 자기들의 세계가 죽어 가고 있다는 것을 알아야 합니다.

자유시장주의자들이 볼 때 자유시장 체제는 효율성을 최대로 증대시키기 위해 설계되었습니다. 그로써 임금이 적정 수준을 찾고, 공급이 수요를 딱 맞게 채워 주며, 수고가 그에 적합한 보상을 받고, 개인의 힘이 증대되고 정부의 힘이 제한된다는 것입니다. 이론은 그렇습니다. 물론 우리가 자기의 이익을 추구하지만, 당신의 이익 추구와 나의 이익 추구가 서로 상충하지 않는 한 서로에게 영향을 주면서 이익 추구로 인해 발생할 수 있는 피해를 제한할 수 있다는 것입니다. 불평등이 지속되겠지만, 사회적인 유동성과 수고로이 노동할 동기가 있는 한 그것이 특별한 문젯거리가 되지 않는다는 것입니다. 그러나 2008년 후반기의 재정 붕괴에 비추어 볼 때 과연 그러한지, 시장이 이런 식으로 순조롭게 돌아가고 있는지 여러 가지 측면에서 의문스럽습니다. 그리고 더 중요하게 "과연 자본주의가 많은 보수적인 복음주의 진영들이 보내는 찬사를 누릴 만한 대상인가?"라고 묻고 싶습니다.

전혀 대안은 없지만

여기서 몇 가지 지적할 점이 있습니다. 우선 현재의 상황에서 자본주의 형태가 부를 창출하기에 가장 좋은 수단이라는 점을 의심하지 않습니다. 한마디로 다른 대안이 전혀 없다는 뜻입니다. 이전 방식의 사회주의는 사람들이 기대하는 결과를 산출하는 데 실패했습니다. 신좌파(뉴레프트)는 건설적인 경제 정책을 제안하기보다는 심리학적인 정체성 정치에 더 강하게 사로잡혀 있습니다. 대체로 발전한 세계에서 좌파와 우파 정당들은 자본주의에 찬성하느냐 반대하느냐를 놓고서 싸우기보다는 세율이나 경제의 공공 부문의 범위 등을 놓고 논란을 벌입니다.

그러나 자본주의가 역사의 모든 것을 다 담아낸 궁극적인 대안이라고는 단정하지 않는 것이 좋습니다. 지금 당장 대안이 전혀 없다고 해서 민주주의적인 자본주의가 사회나 경제 조직의 궁극적인 해결책인 것은 아닙니다. 중세에는 봉건주의에 대한 대안이 전혀 없었습니다. 그러나 결국 봉건주의 체제는 끝이 났습니다. 굳이 7백 년의 세월을 거슬러 올라가 이 점을 확인할 필요는 없습니다. 개인의 자유와 자본주의는 서로 의존하는 행복한 파트너로서 함께한다는 것이 오랫동안 많은 미국인들이 소중하게 여겨 온 신념입니다. 자유는 자본주의를 촉진시키고, 자본주의는 자유를 신장한다는 것입니다. 그러나 정치 철학과 사회 철학의 역사에서 소중히 다루어졌던 아주 많은 신념들과 마찬가지로, 현재 상황에 대한 이런 단순한 이해는 실제로 벌어지는 사건들에 의해 무색해졌습니다.

중국의 등장이 이것이 거짓말임을 드러내 주었습니다. 중국에서 볼 수 있는 권위주의적인 자본주의는 시장 자본주의가 전체주의와 손잡을 수 있다는 사실을 명확하게 시사해 줍니다. 1장에서 나는, 비극적이게도 좌파의 지식인들은 노동자 계층이 정치적인 영향력을 행사하고 싶어할 것이라고 생각했지만 노동자 계층이 진정으로 원한 것은 위성 텔레비전과 소비용품들인 것 같았다고 언급했습니다. 중국의 경우를 살펴보면, 어떤 점에서 이것은 우파에게도 적용되는 사실입니다. 1989년에 중국의 학생들은 정치적인 자유를 원했습니다. 그러나 인민들은 자동차와 컴퓨터, 유명 디자이너가 만든 옷들과 함께 소비주의를 받아들였습니다. 적어도 외국인의 관점으로 볼 때, 중국에서는 독일의 베를린 장벽이 붕괴된 것과 같이 공산주의 체제가 붕괴되는 일이 없었기 때문에 이것이 일종의 대안이었던 것 같습니다.

오늘날 다른 선택 사항이 전혀 없으므로 지금은 한 사람의 자본주의자가 되십시오. 그러나 자본주의를 기독교적 체제로 여기거나 빼도 박도 못 하게끔 개인의 자유와 연결시키는 것은 검증할 수도 없고 무분별하며 점점 더 문제만 일으킬 소지가 큰 주장임을 명심하십시오.

사실 자본주의에는 그리스도인이 경계해야 할 많은 문제점들이 있습니다. 첫째, 자본주의가 성경적이지 않은 방식으로 경제적인 번영에 집착하게 만들 수도 있습니다. 가난하기를 원하는 사람은 아무도 없습니다. 나도 확실히 그렇습니다. 가난 자체만을 생각한다면 거기에 무슨 좋은 것이 있겠습니까? 그러나 우리는 단순하게 부와 하나님의 복을 동일시하거나 복음의 영향력을 경제적인 번영과 동일시하지 않도록 주의해야 합니다. 둘 다 성경적이지 않습니다. 욥의 이야기는 하나님과의 관계에서 의롭다는 사실과 지상에서 물질적인 풍요를 누리는 것 사이에 아무런 기계적 연관성이 없음을 분명히 밝혀 줍니다. 바울의 삶도 그렇습니다. 사도행전에 나오는 그의 고난이나 고린도후서에 나오는 자신의 사역에 대한 묘사를 읽어 보면, 그가 부유하거나 편하게 살아간 것이 아니라 오히려 고난받고 빈곤하게 살아간 것을 알 수 있습니다. 그러한 고난과 가난은 그가 십자가에 충성했기 때문에 겪은 것입니다. 실로 고린도전서 1,2장에 나오는 십자가의 논리 자체가 필연적으로 복음을 부유함과 동일시하는 모든 행태에 반대하는 것으로 보입니다.

또한 성경에는 복음이 임하는 일이 경제적으로 매우 나쁜 소식일 수도 있음을 보여 주는 사건들이 기록되어 있습니다. 마가복음 5장에는 예수님이 귀신 들린 가난한 사람에게서 '군대'라는 귀신을 내쫓아 주신 사건이 나옵니다(1-17절 참고). 그 사람은 아마도 그 마을 사람들에게 위험한 행동을 하고 밤마다 시끄럽게 소리를 질러대는 골칫거리였을 것입니다. 이웃에 셀 수도 없이 많은 귀신들에 사로잡힌 사람이 있다는 것 자체가 전반적으로 언짢은 일이었을 것입니다. 그러나 그 이야기의 끝부분을 보면, 그 마을 사람들은 예수님에게 그곳에서 떠나 달라고 애원합니다. 그 이유가 무엇입니까? 우리가 알기에 데가볼리는 이방인들과 로마인들이 많이 거주하는 곳이었습니다. 그리고 그곳에 엄청난 돼지 떼가 있었다는 진술에서 알 수 있듯이, 돼지 판매가 그 지역 경제의 중심이었습니다. 그런데 예수님께서 귀신을 쫓아내기 위해 그 지역의 경제를 물에 빠뜨리신 것입니다. 바로 이것이 그 더럽고 반(反)사회적인 행태를 일삼는 이웃으로부터 해방시켜 주신 분께 오히려 마을을 떠나 달라고 간청한 것에 대해 본문에서 우리가 유추할 수 있는 유일한 이유로 보입니다. 복음이 데가볼리에 임하자 그 지역의 경제가 도탄에 빠진 것입니다.

앞서 말했듯이, 번영이 나쁘다는 말이 절대 아닙니다. 다만 성경이 말하는 충성됨과 신실함과 하나님의 복은 물질적인 부요와 경제적인 호황과 전혀 필연적으로 연결되지 않는다는 말입니다.

또한 그리스도인은 자본주의가 반드시 그리스도인이 소중하게 여길 만한 행태와 전망과 윤리를 부양시키는 것은 아님을 인식해야 합니다. 어떤 진영에서는 자본주의가 개인적인 책임과 주도성, 혁신과 진취적인 가정들을 낳는다는 개념이 유행하지만 이 요점들이 참인지 거짓인지와 상관없이, 자본주의에는 기독교에 그다지 이바지하지 못하는 측면도 있습니다.

예를 들어, 현대 서구 경제의 중심 동력인 소비주의(consumerism)에 대해 생각해 봅시다. 소비주의의 성패는 소비자들의 다양한 성향에 달려 있습니다. 그리고 실로 소비주의는 이러한 성향들을 개발하고 강화하기 위해 엄청나게 노력합니다. 먼저 소비주의는 현재의 상태와 소유에 대한 불만족을 요구합니다. 만일 내가 1979년에 산 나팔바지와 홀치기염색 방법으로 염색한 셔츠와 밑창이 두꺼운 구두를 신으면서 지금까지도 완벽하게 행복해한다면, 나는 더 최신에 유행하는 옷을 사지 않을 것이며, 그렇게 되면 청바지나 셔츠나 신발을 만드는 생산업자들은 고객을 한 사람 잃게 될 것입니다. 그리고 최악의 경우에는 사업이 망할 수도 있습니다. 그래서 생산업자들은 상업광고나 영향력 있는 이들의 패션을 통해서, 나에게 "당신이 만일 모트 더 후플(Mott the Hoopel, 1969년에 데뷔한 미국의 락 밴드)이 입었던 옷을 좀 더 최근에 랄프 로렌(Ralph Lauren)이 디자인한 것으로 바꾼다면, 지금보다 더 나은 삶을 누리게 될 것이다"라고 말함으로써 내가 가지고 있는 것에 불만을 품게 만들어야 합니다. 이때 무슨 일이 진행되는지에 주목하십시오. 불만과 불만족이 자본주의 체제가 계속해서 돌아가기 위해 반드시 필요한 품목으로 개발되고 있습니다.

나는 엘튼 존(Elton John)의 젊은 시절을 다룬 저예산 영화에 등장하는 단역배우처럼 어슬렁거리면서 돌아다니는 것을 좋아하지 않습니다. 나는 멋지고 새로운 것을 좋아합니다. 나는 길을 걸어갈 때 온갖 안 좋은 이유로 내가 구경거리가 되는 것을 좋아하지 않습니다. 내가 하려는 말의 핵심은 이것입니다. 자본주의의 모든 효과들이 무조건 선한 것도 아니고, 복음과 기독교 정신에 일치하는 것도 아닙니다. 그러므로 우리는 다른 영향에 대해서 그러하듯이, 이런 식의 생활 방식이 끼치는 영향에 대해서도 스스로 의식해야 합니다.

자본주의의 정수에는 거의 기독교적이라고 할 수 없는 요소들도 있습니다. 확실히 1970년대 이후 발전하고 있는 자본주의, 즉 소비주의는 소비의 확대와 물건을 획득하는 것을 좋게 여기는 경향을 두드러지게 드러냅니다. 다시 말하지만, 소비주의는 우리의 경제를 움직이고

부의 창출을 돕는다는 점에서 유익합니다. 그러나 소비주의는 항상 부를 축적하는 데서 삶의 의미를 찾는다는 메시지로 치우치는 경향이 있습니다. 그러나 전도서 2장에서 명확히 밝히듯이, 그것은 모두 헛된 일이며, 또 다른 형태의 우상 숭배에 지나지 않습니다. 그것은 신적인 능력이 없는 것들에게 신적 능력을 부여하려는 일입니다. 이러한 우상 숭배는 골프채와 같은 우리의 소유물에 대해서만이 아니라 자본주의 체제 자체에 대해서도 이루어질 수 있습니다.

한편 이러한 사회 풍조와 관련된 문제들과 유혹들은 더욱 많습니다. 이미 언급했듯이, 상업광고와 신문광고들은 본질적으로 사람들로 하여금 자신의 삶에 만족하지 못하고 물건을 더 많이 구매함으로써 그것을 해결하도록 부추길 요량으로 만들어졌습니다. 그러나 문제는 단순히 사회가 이야기하는 소비를 통한 구원이라는 복음이 아니라 '내가 나 자신의 운명을 통제하고 있으며, 나의 문제점들에 대한 답을 쥐고 있다. 결국 이 답은 피조물의 영역에 속해 있다'라고 생각하게 만든다는 것입니다. '내가 돈을 주고 이것을 살 수 있고, 그곳에 갈 수 있고, 여기서 내 돈을 쓸 수 있다. 그렇게 함으로써 나의 불만족을 해소하거나 나 자신을 재창조하거나 삶을 더 쾌적하게 만들고 전체적으로 훨씬 더 편하게 만들 수 있다'라고 생각하게 만드는 것입니다. 이런 메시지는 실질적으로 '내가 곧 작은 신(神)이며, 내가 그 일을 할 수 있다'라는 생각으로 이끕니다. 이것은 내가 내 돈을 가지고 할 수 있는 일을 통해 나 자신의 행복이라는 기적을 만들어 내는 나 자신의 신이라는 생각

위에 세워진 일종의 펠라기우스주의(Pelagianism)입니다.

또한 이것은 개인의 권리들에 집착하게 만듭니다. 2장에서 이미 언급했듯이, 개인의 권리에 대한 집착은 좌파뿐만 아니라 우파까지도 괴롭히고 있습니다. 내가 무엇을 살지 안 살지를 결정함으로써 나 자신의 운명을 결정하는 세상에서, 그리고 천박한 개인주의가 그 문화의 중심에 깊이 뿌리박힌 세상에서, 교회의 권징은 아무 쓸모 없는 것이 되어 버렸습니다. 오늘 나를 징계하면 다음 주에는 다른 교회(가게)를 나의 (영적인) 사업의 대상으로 삼으면 됩니다. 그것이 소비주의(세속) 윤리와 일치하는 방식으로 우리가 취할 수 있는 행동입니다. 이런 소비주의 윤리는 우리의 교회 가운데 들어와 우리의 교회들을 망쳐 놓을 것입니다. 바로 이런 소비주의가 우리가 이전의 것들보다 훨씬 더 기독교적이라고 추앙하는 사회 조직의 핵심에 있는 것입니다.

그런데 이보다 더욱 염려스러운 것은, 내가 이미 언급했듯이 사회관계들을 다시 형성할 뿐만 아니라 사회의 가치들까지도 다시 만들어 내는 자본주의의 능력입니다. 소비자가 왕인 세상에서는 궁극적으로 기호와 이윤이 성공하게 되어 있습니다. 많은 소비가 미적 요소에 따라 이루어집니다. 특히 패션 분야에서는 이 점이 더욱 두드러지며, 다른 수많은 분야도 이와 훨씬 교묘하게 연결되어 있습니다. 그 중심에는 '개인은 자유로운 존재이며, 자기가 결정하고 심지어 스스로 만들어 내기도 한다'는 생각이 자리 잡고 있습니다. 이런 메시지는 어쩔 수 없이 그런 개인에게 가해지는 외부의 제약들이 반드시 필요하다는 생각과 대립

할 수밖에 없습니다. 사람들은 그러한 제약들에 대해 불쾌해합니다. 그 제약들이 소비사회에서 개인주의적인 감정을 상하게 만들기 때문입니다. 나의 아버지 세대는 분명히 '사회의 선(유익)'에 대해 주장하기 위하여 노력했을 것입니다. 그러나 이제 이런 주장들은 전혀 설득력이 없습니다. 개인을 제약함으로써 사회의 선(유익)이 강화된다니요! 실로 '사회'란 개인들로 이루어진 권력 집단의 자의적 구축이 아니고 무엇이란 말입니까?

또한 더 깊은 곳에서 소비사회는 개인적인 소비가 모든 사람들에게 좋다고 믿으라고 가르칩니다. 소비가 부를 창출하고 삶의 수준을 높이며, 우리 자신에 대해 더 좋게 느끼도록 만들기 때문이라는 것입니다. 순수한 관점에서 볼 때 이것이 과장되긴 하지만 괜찮은 선전이라고 말합니다. 탐욕이 실제로 모든 사람에게 도움을 주기 때문에 좋은 것이며, 그러므로 이타적인 행위를 한다고 치고 탐욕(소비)을 가져 보라는 것입니다.

이것은 윤리적 결정들을 형성하는 데 재정이 미치는 영향이라는 문제로 이어집니다. 나는 개인적으로 경제적인 부를 근거로 자기주장을 펼치는 사람들을 보면 마음이 매우 불편합니다. 그것이 설령 낙태나 이혼법 약화에 반대하여 가정을 보호하고자 펼치는 주장이라 할지라도 말입니다. 만일 여러분이 전통적인 도덕들을 변호하기 위해서 시장의 논리를 적용하는 방법을 택한다면, 누군가가 여러분의 경제 상황을 근거로 반박하거나 그 경제적인 문제를 해결할 만한 특별한 제안을 할 때 여러분은 어쩔 수 없는 처지에 빠지고 말 것입니다.

점점 자유시장 논리를 도덕적인 쟁점들에 적용하는 경우를 봅니다. 앞서 지적했듯이, 동성애자의 결혼을 합법화하는 데 반대하는 것이 캘리포니아의 경제에 타격을 줄 수도 있습니다. 그처럼 중요한 도덕적 쟁점에 대해 논하는 자리에서 순전히 실용주의적인 측면이 영향을 미치게 된다면, 그 쟁점의 찬반 양측 사람들에게 큰 실망을 안겨 줄 수밖에 없습니다. 틀림없이 우리는 마약과 매춘과 포르노 등에 대해 이와 비슷한 경제적 논리, 또는 수요 공급의 논리를 적용하는 주장에 친숙합니다.

아주 나이가 많은 노인들을 위해 생명을 끊는 일이나 안락사에 대한 주장들은 어떻습니까? 복지 비용을 절감하기 위한 수단으로서 낙태를 주장하는 경우는 어떻습니까? 전근대사회에서는 자녀 양육을 부담스러워한다는 것을 상상할 수도 없었습니다. 또한 연로한 분들의 지혜와 평생의 공로를 가치 있게 여기는 측면에서 그분들을 돌보는 일의 가치를 진지하게 논의했을 것입니다. 그러나 발전된 자본주의 사회에서는 원하지 않게 생겨난 태아를 비생산적인 식욕처럼 위험하게 봅니다. 그리고 노인을 힘도 없고 획기적인 아이디어도 없어서 솔직히 부를 창출할 능력이 없는 존재로 봅니다. 그런 사람들이 무슨 쓸모가 있겠습니까? 물론 자본주의가 안락사로 인도한다는 말은 아닙니다. 다만 자본주의가 그러한 쟁점으로 토론하는 것을 당연하게 여기는 사회 풍조를 조장한다는 것입니다. 소비주의와 기술 중심으로 돌아가는 세계는 당연히 청년들을 선호할 수밖에 없습니다. 그들에게는 자본에 이용할 수 있는 힘과 유연성이 있기 때문입니다.

아직 마흔 살이 되지 않은 독자들에게는 노인이 된다는 것이 아주 먼 일처럼 생각될지도 모르겠습니다. 그러나 젊은 세대를 괴롭히는 다른 문제들도 있습니다. 보수적인 그리스도인들은 집에서 집안일만 하는 어머니들이 별로 가치가 없어 보인다고 공공연히 말하곤 합니다. 과거와는 달리 일하는 어머니가 오늘날 요구되는 가치입니다. 직접 부를 창출할 수 있는 능력이 누군가의 사회적 지위와 가치를 평가하는 잣대가 되어 버린 사회에서 무엇을 기대할 수 있겠습니까? 전근대사회에서는 자식을 낳을 수 없는 것이 열등한 여성의 표징이었다면, 오늘날에는 집에 봉급을 가지고 올 수 없는 것이 열등한 여성의 표징이 되었습니다.

그리스도인들은 자본주의가 초기에 큰 유익을 제공했다는 사실을 인정해야 합니다. 그러나 그 유익은 순수한 복이 아닙니다. 거기에는 그리스도인들이 화를 낼 수밖에 없는 측면들도 있습니다. 가정의 형태를 바꾸어 버린 일에서부터 쉽게 낙태할 수 있게 된 풍조에 이르기까지, 모든 것이 그리스도인들이 종종 거의 비판 없이 찬탄하고 흠모하는 그 자본주의 체제와 연결되어 있습니다.

실로 가정과 교육 등에 관해 전통적인 가치들을 견지하고 있는 수많은 사람들이 자본주의 윤리에 헌신한다는 것이 놀라울 정도입니다. 세계가 봉건사회에서 무역(상업)과 생산에 기초를 둔 경제사회로 이동하면서 가치들이 바뀌고, 사람들이 농촌에서 도시로 이사하고, 가정의 단위도 더욱 작아지고 재구축되었습니다. 다른 분야에도 미미하게나마 영향을 받았습니다. 많은 그리스도인들은 자기 자녀들이 위대한 문학을 사랑하기를 바랍니다. 그러나 현대 자본주의가 엔터테인먼트 사업(entertainment industry)에 얼마나 깊이 연루되어 있는지를 생각해 보십시오. 디즈니(Disney)는 『노틀담의 곱추』(Notre Dame de Paris)와 같은 고전들을 지나치게 감성적인 시장 상품으로 만들면서 상상력까지도 시장에서 팔 수 있는 상품인 양 바꾸어 버렸습니다. 아이들은 읽기를 통해 마음속으로 좀 더 깊이 생각할 수 있도록 훈련되기보다는 영화에서 들리는 쿵쾅거리는 소리들과 계속해서 쏟아져 나오는 장난감에 더욱 흥분하고 자극을 받고 있습니다. 이것이 자본주의의 영향력입니다. 물론 여기에는 큰 혜택이 있습니다. 그러나 동시에 전통적인 기독교적 가치들과 열망에 유해한 측면도 있습니다. 그러므로 자본주의가 무조건 좋다거나 만병통치약인 양 선전하기 전에 먼저 유해한 면이 무엇인지를 이해하고 인정해야 합니다.

현대 자본주의의 핵심적인 문제는, (적어도 이론적으로는) 자본주의가 생활을 이루어 가는 데 가장 좋은 방법으로 주장하는 아무런 규제 없는 시장이 가차없이 일종의 방종의 형태로 나아간다는 점입니다. 처음에는 경제적인 방종으로 시작하겠지만, 결국 도덕적인 방종으로 이어지게 되어 있습니다. 그 어떤 경제 체제도, 최소한 자본주의에 속하는 그 어떤 경제 체제도, 시장 자체가 만들어 내는 가치들 위에서 독립적으로 존재하는 더 크고도 넓은 도덕적인 토대가 없이는 오래 지속될 수 없습니다. 물론 '어떻게 하면 이 일을 이룰 수 있는가?' 하는 것은 상당히 다른 문제입니다. 그러나 그 대답은 '시장의 도덕성'에서 간단히 찾을 수 있는 것이 아닙니다. 그 자체로 볼 때, 시장에는 오직 이윤을 만들어 내기 위해 필요한 도덕성밖에 없기 때문입니다.

이미 여러 번 밝혔듯이, 자본주의가 진행되고 있는 현재로서는 전혀 다른 대안이 없습니다. 그러나 자본주의적 방식이 곧 절대적 의미에서 하나님의 방식이라고 가정하는 우상 숭배에는 가담하지 마십시오. 자본주의는 부를 창출하고 사회적 유동성을 촉진할 뿐만 아니라 많은 유익을 제공합니다. 그러나 그것이 복되기만 한 것은 아닙니다. 자본주의는 물질의 축적에 뿌리박고 있는 인생관을 증대시킵니다. 그리고 모든 사회적 관계와 가치들을 현금 결제로 결정될 수 있는 것으로 만들어 버리는 경향이 있습니다. 자본주의에 영적인 의미가 주어진다면, 번영 신학과 같은 것이 될 것입니다. 민주주의와 좋은 음식, 엘튼 존을 위해서가 아니라 모두를 위해 디자인된 옷들과 같이, 번영은 좋은 것입니다. 그러나 번영은 복음이 아닙니다. 그것을 혼동하지 말기 바랍니다.

Rulers of the Queen's Navee

5장
여왕의 함대를 지휘하는 사람들

민주주의, 정확을 기하는 곳은 아니다

최근 이머전트 교회, 좀 더 가깝게는 '페더럴 비전(Federal Vision)'과 같은 운동에서 나온 신학적인 안건들에 대해 많은 전통적, 개혁주의적, 고백적, 보수적 복음주의자들 가운데서 이해할 만한 반대가 있었습니다. 이들 사이에는 매우 다양한 측면에서 논란이 일어났는데, 그 핵심 쟁점 중 하나가 신학적인 정확성이었습니다. 특히 이머전트 교회 측은 신학적으로 엄밀한 사상에 반발하였습니다. 정확한 용어의 사용이 종종 지나친 확실성을 주장하거나 상투적인 말을 사용하는 것이 하나님을 상자 안에 가두어 버린다는 것입니다. 이에 대해 더 전통적인 신학을 가진 많은 교회들은 반대 주장을 펼쳤습니다. 그러한 정확성은 성경에 대한 믿음을 위험에 빠뜨리기보다 오히려 그 믿음을 지키는 데 매우 중요한 역할을 하며, 성경에 대한 믿음을 지키면서 하나님의 진리를 선포하기 위해서는 그러한 정확성이 요구되기 때문에 교회가 정확한 신학적 개념들과 용어들을 발전시켰다는 것입니다.

이 책에서 이 쟁점을 다루지는 않겠습니다. 다만 흥미로운 현상 하나를 부각시키고자 합니다. 보수적인 신학 유형(그중 하나에 제가 속합니다)들은 종종 신학적인 정확성에는 매우 신경을 쓰면서도, 정치 문제에 대해서는 상당히 단순하며 흑백논리적이고 상투적으로 접근하는 성향이 있습니다. "모든 진보주의자들은 X라는 죄를 짓고 있거나, Y라는 잘못된 정책을 하고 있거나, Z에 나오는 노선을 따라서 생각하는 잘못을 저지르고 있다"라는 식으로 뭉뚱그려 나에게 말할 때마다 내가 1달러씩 받는다면, 나는 아마 부자가 될 것입니다. 내가 우파의 뺨만을 때리는 것처럼 보이지 않도록 좌파 측에서도 똑같은 맥락의 잘못을 지적하겠습니다. 특히 젊은 복음주의자들 가운데는 "우리, 민주당에 투표했어. 우리 못되지 않았니?"라는 식의 카드를 던지는 사람들이 있습니다. 이런 현상은 흥미로운 질문을 유발합니다. 신학 문제에 대해서는 예민하게 사고하는 훌륭한 능력을 가진 사람들이 왜 정치 이야기만 나오면, 비록 마니교적까지는 아니더라도 매우 단선적인 흑백논리로 생각하는지 의문스럽습니다. 이에 대해 단정하여 대답할 수는 없지만, 몇 가지를 제시하고자 합니다.

먼저 지적할 중요한 사실은, 대의 민주정치의 민주적인 과정의 한가운데 이상한 변칙이 존재한다는 것입니다. 대의 민주정치에서 입법부는 전체 국민이 아니라 전체를 대표하도록 전체에 의해서 선출된 극소수의 사람들로 구성됩니다. 여기에는 수많은 의미가 담겨 있습니다. 그중 가장 중요한 것 하나는, 민주정치가 작동하기 위해 필요한 절차들 때문에 그 민주정치가 단순화되고 미묘하게 파괴된다는 점입니다.

  정치는 복잡합니다. 정치는 인간의 삶과 관련되어 있는 온갖 문제들을 다루는데, 인간의 삶 자체가 매우 복잡한 현상이기 때문입니다. 정치는 경제, 외교정책, 사회 윤리 및 개인 윤리, 국가 전체와 개별 지역들의 관계, 국방, 건강보험 등에 대해서 말합니다. 여러분이 문제를 거론하면 정치가 그에 대해서 대답합니다. 설령 "내버려 둬!"라고만 대답할지라도 말입니다. 또한 정치학의 이러한 하위 단위들 각각에도 수많은 복잡성이 존재합니다. 실로 마르크스주의와 같은 반대의 노력들에도 불구하고, 이 모든 분야들을 묶어서 일관성 있고도 필연적인 하나의 전체로 집어넣는 거대 이론을 정치에서는 찾을 수 없습니다. 경제에 대한 개별적인 견해들과 지역사회 정책 간의 관계는 때때로 필연적이지 않습니다. 세상에 대한 단일의, 모든 것을 포괄하는 정치관을 낳으려고 시도했던 학파의 가장 분명한 예인 마르크스주의도 전적으로 파편적임이 드러났습니다. 개신교가 절정에 이르렀을 때 오히려 많은 교단들로 나뉜 것과 거의 흡사하게 말입니다. 정치 전체는 과학이 아니라 일종의 예술이며, 개별 정치 철학들은 대체로 절충적이라는 것이 그 문제의 핵심인 듯 보입니다.

  이 기본 전제의 문제점은, 누군가가 투표소에 들어가는 순간 이 모든 것이 쓸모없어지고 만다는 것입니다. 투표소에서 유권자들은 아마도 두 개 정도의 투표함을 대하게 됩니다. 그리고 투표함 하나에는 표시할 책임이 있지만, 다른 하나에는 책임이 없습니다. 대의 민주정치, 특히 대부분의 민주정치가 정당의 활동으로 이루어지는 대의 민주정치는 섬세함을 이끌어 내지 못합니다. 오히려 그와 정반대입니다. 그것은 영화 '인디아나 존스(Indiana Jones)'의 한 장면과 같습니다. 존스는 자기 앞에 서서 발레를 하듯이 칼을 멋지게 휘두르는 암살자를 몇 초 동안 바라보다가 더는 참지 못하고 그냥 권총을 꺼내 그를 향해 쏴 버립니다. 개별적인 모든 문제는 복잡하고 미묘합니다. 그러나 투표소에 들어가서는 이 모든 것을 다 선택할 수 없습니다. 총알은 단 한 발밖에 없습니다.

어떤 점에서 이것이 바로 민주주의의 현실입니다. 윈스턴 처칠(Winston Churchill)의 말을 풀어 쓰자면, 민주주의는 나쁜 체제이지만 지금까지 시도해 본 다른 어떤 체제보다 낫습니다. 민주주의가 완전하지 않을 수도 있지만, 그렇다고 우리 중 어느 누가 히틀러나 스탈린이나 프랑코 밑에서 살려고 하겠습니까? 정당 정치 역시 비교적 바람직해 보입니다. 정당 제도는 정치가들에게 선거운동을 조직하고 자원들을 끌어 모으는 데 좋은 환경을 제공합니다. 또한 정당 제도는 국가를 운영할 수 있게 합니다. 정당 제도는 전체 과정에 일관성을 부여하기 때문입니다. 협상과 연합과 정당 노선에 대한 투표 등은 모두 어느 정도 국가가 효율적으로 운영되도록 만들어 줍니다. 진실로 이런 사실에 비춰

볼 때, 많은 주요 민주주의 국가들이 실제로 양당제를 유지하고 있다는 사실은 하나의 이점이기도 합니다. 선택이 제한되기는 하지만, 동시에 혼란의 가능성도 제한됩니다. 미국인들 가운데는 아마도 역사적으로 독특한 성격을 가진 소수 정당에 의해 권력의 균형이 좌우되는 연합 정부가 있는 나라의 시민들과 자리를 바꾸고 싶어하는 사람은 거의 없을 것입니다.

또 다른 차원에서, 복잡한 정치와 단순한 민주주의 투표 행위 사이에 존재하는 이러한 불일치는, 그 순서가 바뀔 때 하나의 문제점으로 드러납니다. 그렇게 되면, 섬세하지 못한 투표 제도가 언제든 우리가 당면한 다양한 정치적 쟁점들에 대한 우리의 생각을 지배할 수 있습니다. 우리는 윌리엄 슈웽크 길버트(William Schwenck Gilbert)와 아서 설리번(Arthur Sullivan)이 만든 영국의 희극 오페라 '전함 피나포어(H.M.S. Pinafore)'에 등장하는 조셉 포터(Hon. Joseph Porter, K.C.B) 경과 같은 사고방식이 자라나지 않도록 조심해야 합니다.

"나는 부유하게 자라나
작은 선거구에서 의회로 보내졌네.
나는 언제나 내 정당의 요구에 따라 투표할 뿐,
절대 스스로 생각해 본 적이 없었네.
나는 거의 생각하지 않았고, 그들은 나에게 보답하여
나를 여왕의 함대를 지휘하는 사람으로 임명해 주었네!"

허구의 인물인 조셉 경은 정당 정치인이었으며, 따라서 대체로 스스로 생각하기보다는 그저 그의 정당이 요청하는 때에 요청하는 대로 투표하라는 요구에 따라야 했을 것입니다. 그러나 우리는 시민으로서 분명히 더 높은 기준을 설정해야 하며, 기존의 정당의 입장이 우리의 정치적 사고를 짓밟지 못하도록 해야 합니다. 특히 그리스도인들은 시민으로서의 참여에 모범을 보여야 합니다. 그렇게 하려면 우리가 시민으로서 부담하는 의무들에 대해 진지하게 검토하고, 정확히 잘 알고 있는 상태에서 지성적으로 행동해야 합니다. 진정 나는 모든 그리스도인이 시민의 의무 중 하나로서 투표해야 한다고 생각합니다. 그러나 또한 투표함으로써 어떤 일이 이루어지며, 자신의 투표 행위가 복잡한 현실을 얼마나 가릴 수 있는지를 알고 적절한 곳에 투표하며 괴로움을 느껴야만 한다고 생각합니다.

미적 개념의 등장과 담론의 쇠퇴

물론 그것이 그리 간단한 문제는 아닙니다. 투표함을 비롯해 정치 과정에 신중하게 참여하는 일을 방해하는 문화적인 힘들이 매우 많이 있기 때문입니다. 1960년에 리차드 닉슨(Richard Nixon)과 존 F. 케네디(John F. Kennedy)가 벌인 대통령 후보 토론은 정치사에서 분수령으로 자주 인용됩니다. 당시의 토론을 텔레비전으로 시청하는 사람들은 케네디가 이겼다고 생각했고, 라디오로 청취하는 사람들은 닉슨이 이겼다고 생각했습니다. 텔레비전 화면으로는 얼마 전에 병원에서 퇴원하여 초췌하고도 지친 듯한 기색으로 나온 닉슨보다는 햇볕에 잘 그을린 모습으로 맞은 편에 앉아 있는 젊은 케네디가 더 아름답게 보였기 때문인 듯합니다. 이 일이 선거운동의 현대적 국면이 탄생한 것까지는 아니라 할지라도, 새로운 규칙들이 분명하게 나타난 순간을 대표하는 일인 것은 확실합니다. 외모가 논증(주장)보다 더 중요하게 부각된 것입니다.

그 토론 이후 반세기 동안 미적인 측면의 중요성이 더욱 강조되었습니다. 정치 운동에 엄청난 금액의 돈이 사용되었으며, 대부분이 텔레비전 광고에 쓰였습니다. 그런 광고에서는 논리가 거의 사라진 채 주로 밝고도 환한 미소를 띤 후보자의 모습들에 초점이 맞춰집니다. 반면 상대방은 무뚝뚝하거나 미덥지 못하게 보이는, 또는 그 두 가지 모습이 다 들어 있는 암갈색이나 흑백의 장면들로 제시됩니다. 정치적으로 당선이 유력한 후보가 되는 데 멋지게 보이는 것이 건강과 돈을 소유하고 있는 것과 거의 비슷한 수준으로 중요해졌습니다.

지금은 1980년부터 1983년까지 영국 노동당을 이끌었던 마이클 풋(Michael Foot)과 같은 사람을 지도자로 선택하는 정당을 상상하기가 어려워졌습니다. 그는 집에서 자른 머리 모양에 두꺼운 방한복을 입고서 1940년대 식의 안경을 쓰고 있기 때문입니다. 전 노동부 장관이었던 고든 브라운은 침울한 표정과 누런 뻐드렁니로 알려져 있었습니다. 그러나 토니 블레어로부터 자리를 이어받은 후 몇 달 만에 그의 치아가

기적적으로 바로잡혔으며 다소 희어졌습니다. 그리고 그의 얼굴에 그다지 설득력은 없지만 미소가 나타나기 시작했으며, 몇 년 동안 쓰지 않았던 근육들이 움직이기 시작하여 그를 더욱 선출될 만한 요인으로 작용했습니다.

시각적인 매체들이 삶을 지배하면서, 특히 미국과 같은 곳에서는 그런 식의 발전을 피할 수 없게 되었습니다. 1930년대로 거슬러 올라가면, 영국의 작가 조지 오웰은 전형적인 미국 잡지에는 추한 사람의 사진이 하나도 없다고 말했습니다. 그 말은 오늘날의 미국 텔레비전에도 거의 똑같이 적용됩니다. 연속극과 영화, 드라마에는 다 아름다움의 표본들만 나옵니다. 영국에서 볼 수 있는 것처럼 주방 싱크대를 중심으로 나오는 드라마는 아예 없습니다. '이스트엔더스(EastEnders, BBC 방송 드라마)'나 '코로네이션 스트리트(Coronation Street, 영국 최장수 TV 드라마 시리즈)'와 같은 연속극에 등장하는 멋진 모습과 하얗고 고른 치아, 막연하게 매력적인 개성을 소유한 사람은 전적으로 임의적인 것입니다. 꼭 그래야 하는 것이 아닙니다. 진짜로, 미국에서는 어느 여성이 슈퍼모델로서의 성과가 좋지 않으면 두 번째 안으로 날씨를 예보하는 아나운서가 되리라고 해도 용서받을 수 있습니다.

이와 마찬가지로 정치 세계에서도 핵심적인 정책들에 주목하기보다는 미적인 요소나 외모에 집중하는 현상이 두드러집니다. 그럴듯하게 들리는 간단한 언급으로 뒷받침을 받는 멋진 외모가 사시에 뻐드렁니, 흉터 많은 얼굴에서 나오는 세련된 주장을 얼마든지 이길 수 있습니다. 무슨 내용이냐가 아니라 누가 그 말을 했고, 그 사람이 어떻게 말하느냐 하는 것이 중요해졌습니다. 이러한 아름다움의 승리를 잘 보여주는 가장 뻔뻔한 예가 대통령 선거를 앞두고 벌어지는 익살스런 후보 토론입니다.

이러한 토론에서는 각 후보자가 하나의 질문에 대해 2분 동안 대답할 기회를 가집니다. 그리고 상대 후보가 1분 동안 반박할 기회를 얻습니다. 사회자는 자기의 판단에 따라 각 후보에게 30초를 더 줄 수도 있습니다. 이러한 상황은 명백한 문제를 불러 일으킵니다. 쟁점들을 엄청나게 단순화하지 않고서 어떻게 그렇게 짧은 제한 시간 동안 어떤 주제에 대해 만족스럽게 토론할 수 있겠습니까? 분명히 "당신은 카우보이 부츠를 만드는 데 소 가죽이 가장 좋다고 생각합니까, 아니면 타조 가죽이 가장 좋다고 생각합니까?" 하는 수준에 불과할 것입니다. 좀 더 내실 있게 토론하려면 상당한 시간이 필요할 것입니다. 그러므로 그 토론이라는 것은 사실 전혀 토론이 아님이 명백합니다. 토론은 보통 사람들의 사랑과 지지를 얻기 위해서 참여자들이 목소리를 높일 수 있도록 허락해 주는 버라이어티 쇼입니다. 학교에서 하는 '기구 토론(balloon debate)'과 같습니다.[1] 마치 "우리 엄마가 가장 맛있는 쿠키를 굽기 때문에 나는 이 기구에서 내리면 안 된다고 생각합니다!"라는 식의 토론 말입니다.

---

1) 역자주 – 기구(풍선, balloon) 토론이란, 여러 사람들이 큰 기구를 타고 비행하는 중에 기구의 바람이 빠져 누군가 내려야 하는 상황을 가정하고서 토론을 벌이면서 한 사람씩 배제시키는 토론을 말합니다.

이에 대한 가장 좋은 예는, 앨 고어(Al Gore)와 조지 부시 사이에 벌어진 2000년도의 첫 번째 대통령 후보 토론입니다. 미디어의 속성을 이해하지 못한 앨 고어는 통계를 제시하고 주장을 제시했습니다. 반면 부시는 일반인들에게 친화적으로 대응하면서 앨 고어가 사용한 통계를 "모호한 산수"라는 말로 조롱했으며, 자기만의 어떤 것을 제시했습니다. 부시는 자기의 통계를 가정들에 대한 이야기의 맥락 속에 감추고서 매번 순수한 논쟁을 짓밟을 수 있는 감정선을 건드렸습니다. 덕분에 앨 고어는 잘난 척하는 수다쟁이처럼 보였습니다(그의 편에서 고어의 일에는 대단한 노력이나 천재성이 요구되지 않는 것처럼 보였습니다). 반면 부시는 거의 내용이 없었지만 그것이 문제가 되지 않았습니다. 민주주의가 이런 지경에 이르렀습니다. 이것은 '자신을 감칠맛 나게 표현할 줄 모르는 사람'과 '웃기는 말 몇 마디에 좋은 이야기가 더 잘 먹히므로 굳이 논증을 하려고 애쓸 필요가 전혀 없음을 아는 사람'의 대결이었습니다.

논증할 필요 없이 좋은 이야기를 해 주라?

이것은 우리가 살아가고 있는 문화의 또 다른 측면을 부각시킵니다. 텔레비전이 오늘날의 문화를 지배하고 있습니다. 이야기(story)가 사실과 논리, 구식 논증보다 더 낫습니다. 물론 이야기는 엄청난 힘을 지닙니다. 이것이 다르게는 도무지 이해할 수 없는 컨트리 음악의 인기를 부분적으로 설명해 줍니다. 교회도 이 점을 이해해야 합니다. 성경에 많은 이야기가 담겨 있다는 것은 분명한 사실입니다. 그리고 교회는 언제나 자기 백성들을 격려하고 감동을 주고 때로 경고하기 위해서 이야기를 기록해 나갑니다. 그것은 모든 문화의 한 부분입니다.

미국도 전혀 예외가 아닙니다. 실로 미국 정치에 등장하는 많은 전문적인 유행어들, '애국심, 자유,' 또는 '미국적, 비미국적'과 같은 형용사들까지도 정치 토론에서 양측이 다 사용하는 언어적 재산입니다. 그 의미들은 대개 다양한 파당들이 그 단어들을 문맥에 꿰맞추어 만들어 내는 이야기들에 따라 달라집니다. 예를 들어, 어떤 사람들에게 애국심이란 교회와 국가가 근본적으로 분리되도록 힘쓰는 것을 의미하며, 어떤 사람들에게는 사회에서 기독교적 가치들을 유지하는 일을 의미합니다. 두 견해들은 모두 빈번하게 미국의 건국과 관련된 이야기(narrative)들과 연결됩니다. 그 시기는 미국인들의 공적인 삶의 영역에서 헌법이 지속적으로 수행하는 역할을 통해 현 정치 가운데서 강조됩니다.

이렇듯 이야기들은 미국에서 엄청난 정치적 의의를 가집니다. 민권 투쟁 운동에 대해 생각해 봅시다. 그리고 구타를 당하고 폭탄 테러를 당하고 시위한 이야기들과 인종 차별을 한 버스를 보이콧하고 흑백 분리를 철폐한 학교들에 대한 기사들이 어떻게 과거에 사람들을 고무시키고 오늘날에도 계속해서 감동을 주는지를 생각해 보십시오. 실제로 동성애자 권익 문화의 정치적인 무기는 상당 부분 흑인분리정책 시대를 살았던 흑인들의 상황을 현대 세계를 사는 동성애자들의 상황과 연결시킬 수 있다는 사실에 뿌리내리고 있습니다. 그것이 멋지게 고안된 연결이라고 볼 수도 있겠지만, 예를 들어 나는 도대체 어디에서 동성애자들이 투표하는 일을 막겠다는 위협이 창궐해 그들의 투표를 독려해야 했는지 생각하기 어렵습니다. 그러나 차별받던 흑인과 동성애자의 연결은 강력합니다. 그렇기 때문에 그들이 거기에 그렇게 많은 시간과 공을 들이는 것입니다.

실로 이야기들은 양날을 가진 칼과 같아서 양쪽을 다 벨 수 있습니다. 연속극이나 영화, 시트콤 등에서 성경의 가르침과 전통적인 도덕에 어긋나는 성적 성향을 추구하는 사람들을 긍정적으로 묘사하는 것은 분명히 이러한 사안들에 대한 사람들의 생각에 그 어떤 주장이나 논증보다도 더 큰 영향을 끼칠 것입니다. 그리고 사실 편견과 박해가 거의 없는 일에 대한 다른 이야기들 역시 깊은 영향을 주고 있습니다. 바로 이러한 이유 때문에, '증오범죄(hate crime, 인종·종교·신조 등의 편견에서 비롯된 증오심을 바탕으로 하는 범죄)'로 일어난 살인이 마구잡이로 행한 살인보다 법적으로 더 악하게 취급됩니다. 두 경우 모두 사람들이 죽었지만, 사회는 그 범죄에 따르는 큰 이야기 때문에 한 죽음보다는 다른 죽음에 더 큰 의미를 부여하기로 결정한 것입니다. 이와 관련하여 신좌파의 지도자들은 그들의 명분에 해당하는 우스운 정체성 정치를 강화하고자 종종 언론 매체를 자기들에게 상당히 유리하게 활용할 수 있었습니다.

이것은 우파도 마찬가지입니다. 그런 이유 때문에, 지난 몇 년 동안 공립학교에서의 역사 교육에 대해 법정에서 그렇게 피 튀기는 설전을 벌였으며, 이 문제에 대한 양측의 다양한 토론이 깊이 있게 진행되었습니다. 이야기의 내용을 통제하는 자들이 세상에 대한 사람들의 생각을 통제할 수 있는 것입니다. 천박한 개인주의와 개척 정신, 가정, 자립적인 사람에 대한 이상(理想) 등을 아주 중요하게 여기는 대부분의 보수적인 미국식 정체성의 중심에 무엇이 있는지를 생각해 보십시오. '셰인(Shane)'이나 '수색자(The Searchers)'나 '하이눈(High Noon)' 등 이러한 요소들이 줄거리를 구성하고 있는 서부영화 풍의 영화보다 더 보수적인 매체가 어디 있겠습니까? 그런데 그와 똑같은 모습이 오늘날 우파의 정치 지평 가운데서 강력하게 역사하고 있습니다.

지난 대통령 선거(2008년)는 몇 가지 고전적인 예를 제공해 주었습니다. 흥미롭게도 공화당은 자신들이 대통령 후보로 내놓은 존 매케인(John McCain)과 부통령 후보 세라 페일린(Sarah Palin)을 "원조 이단아(original mavericks)"라고 묘사했습니다. 이 묘사는 분명히 불합리했습니다. 공화당의 지명을 얻기 위해 분명히 매케인은 온갖 종류의 협정을 맺고, 영향력을 갖고 있던 다양한 유권자들에게 온갖 종류의 약속을 제시해야 했을 것입니다. 다시 말해서, 과거에 그가 어떤 이단아였든 간에 그것은 그에게 홍보 전략 이상으로 도움이 되지 않았습니다. 논리적으로 말해서, 이단아를 대통령으로 선출한다는 생각은 참으로 호소력 없음이 너무나 명백했습니다. 모름지기 대통령이란, 의회와 군대 등을 국민들이 존경하고 따를 수 있도록 이끌고 문제를 다루고 단판을 낼 수 있는 사람이어야 합니다. 그런데 소위 그렇게 '제멋대로인 이단아 기질'을 가지고 사는 사람들에게서는 그러한 특성을 연상할 수 없습니다. 어쨌든 그 말은 선거 기간 동안 다소 정의되지 않은 채 지나갔습니다. 그런데 그것이 먹혔습니다. 우파는 매우 큰 인기를 누렸습니다. 그것이 우파가 스스로 말하는 바 거칠고 고독한 개척 정신을 담은 언어와 잘 맞아떨어졌기 때문입니다.

여기에 세라 페일린이 뒤섞어 놓은 다른 말들, 예컨대 '하키맘(hockey mom, 자녀들을 하키 연습장에 데리고 다니는 엄마)'이나 '워싱턴 아웃사이더(Washington outsider)' 등을 덧붙일 수 있을 것입니다. 그 말들이 그들의 이야기 안에서 무언가 의미를 담고 있었기 때문입니다. 세라 페일린은 한 텔레비전 인터뷰에서 '부시 독트린(Bush doctrine)'[2]을 정의하지도 못했으며, 또 다른 인터뷰에서는 케이티 쿠릭(Katie Couric, 미국 방송국의 유명 아나운서)에게서 혹독한 비난을 받았습니다(이것은 텔레비전 생방송에서 테디 베어에게 야만적으로 죽임을 당하는 것과 같은 것으로, 내 생각에 그다지 '이단아 같은' 순간은 아니었습니다). 그러나 이런 사실들은 보수적인 유권자들에게 보내는 그녀의 호소력에 거의 흠을 내지 못했습니다. 그녀의 호소력은 그녀의 이미지와 이야기를 활용할 수 있는 능력에 달려 있었지, 얼마나 자신감 있게 정책의 쟁점들

---

2) 역자주 - 2001년에 미국에서 발생한 9·11 테러 사건과 관련하여 테러와의 전쟁을 수행하기 위한 원칙을 담은 부시 행정부의 원칙을 말합니다.

을 다룰 수 있느냐와는 상관이 없었습니다. 그래서 사실과 논증과 주장이 부족한 세라 페일린은 그 대선이 끝난 뒤에도 자기의 블로그를 통해 대중의 호소에 크게 기대어 어느 정도 계속해서 성공할 수 있었습니다.

어떤 사람들에게는 이야기가 너무나 강력하게 지배해서 기이한(부시의 말을 빌리자면, '흐릿한') 논리를 만들고 이상한 사실들과 사건들을 상대적인 것으로 취급하게 만듭니다. 가장 분명한 예가 종종 진보주의자들과 보수주의자들이 거대 정부가 좋으냐 나쁘냐를 놓고 엎치락뒤치락하는 모습입니다. 좌파는 항상 연방 정부가 분명히 신뢰할 만하고 당연히 신뢰해야 하며, 국내 문제에 관해 더 큰 역할을 담당해야 한다고 말합니다. 그러면서도 외교 문제와 대외적인 문제에 대해서는 정부가 도덕적으로 정직한 것과는 거의 상관이 없는 일을 할 가능성이 있다고 봅니다. 반면 우파는 국내 상황에 관해 연방 정부를 불신합니다. 그러면서도 다른 나라를 침공했을 때 정부를 비판하는 것은 어떤 것이든 애국적이지 못하며 미국적이지 못하다고 공격합니다. 어떻게 이런 일이 있을 수 있습니까?

한 가지 개연성 있는 설명은, 좌파와 우파의 논리가 어떤 고정적인 형태의 이야기에 따라 형성되어 있다는 것입니다. 그런데 그 이야기 형태는 통상적이고도 논리적인 분석에 맞지 않습니다. 그런데도 그 이야기가 실제로 추종자들에게 영향력을 행사하는 것입니다. 따라서 좌파는 빈곤이 오직 수탈하는 거대 사업체들의 힘을 제약하고 부를 재분

배함으로써 완화될 수 있으며, 해외의 전쟁들도 오직 국내에서 문제를 일으키는 바로 그 거대 사업체의 탐욕 때문에 일어난다는 이야기를 좋아합니다. 반면 우파는 정부의 성장이 국내에서는 자유를 가로막지만 국제 무대에서는 민주주의를 수출하는 것이라고 봅니다.

　이러한 사실로 설명할 수 있는 불일치의 예를 살펴봅시다. 빌 클린턴은 베트남전 복무를 회피하였습니다. 그러자 그의 대적들은 이 사실을 사용하여 그의 대통령 출마를 막으려고 시도하였습니다. 이것은 겁쟁이 진보주의 병역기피자들에 대한 기존의 보수적 입장에 맞았습니다. 그러고는 의심할 여지가 없는 베트남 관련 기록을 가지고 있는 조지 부시가 나왔습니다. 이 점은 권력의 핵심에 있는 자들이 배후에서 조종하고 있는 듯한 냄새를 풍겼습니다. 이것은 보수주의의 입장과 거의 맞지 않았습니다. 부시는 베트남전 복무를 기피하고 특혜를 누렸다는 의혹을 받고 있었는데, 이것이 치명적인 결함으로 여겨지고 있었습니다. 그러나 이것은 부시에 대한 핵심적인 지지 세력을 확보하는 데 미미한 피해를 주었을 뿐입니다. 그리고 모순되고도 저속한 2000년도 대선 때 부시의 선거운동은 진정한 전쟁 영웅인 존 매케인[3])에게 대항하여 중상모략하는 더러운 선거운동으로 악명을 떨치게 되었습니다. 참으로 이상하게도 클린턴의 병역기피에 대해 대단히 화를 냈던 바로

---

3) 역자주 – 존 매케인은 미국 해군사관학교를 졸업하고 항공모함의 전투기 조종사로서 베트남전에 참전하였다가 1967년에 작전 도중 격추되어 5년 반 동안 전쟁 포로가 되었으며, 이후 1973년 파리 평화조약에 따라 풀려났습니다.

그 사람들이 부시의 병역기피 의혹에 대해서는 아무 문제 없이 넘어가 준 것입니다.

그 이후 2004년에는 존 케리(John Kerry)가 민주당 후보로 나왔습니다. 이번에는 진보주의자 중에서도 견실한 베트남 참전 기록을 가지고 있는 후보였습니다. 이 경우는 확실히 민주당의 입장에는 맞지 않았습니다. 그는 괄목할 만한 개인적인 용맹함과 견실한 군복무 기록을 가지고 있는 진보주의자였던 것입니다. 이에 대해서 모든 쾌속정 베테랑들이 모함했습니다.[4] 이러한 엎치락뒤치락을 완전히 기상천외하다고 말하는 것은 지나치게 절제된 표현입니다. 매케인과 케리에 대한 중상모략에 가담했던 사람들의 도덕적 청렴성은 차치하더라도 우파의 일관성에 대해서 좋게 말하기는 어렵습니다. 그러나 이야기가 너무나 강력하게 지배하여 때때로 나타나는 변칙과 지나친 사실만으로 그 틀을 근본적으로 바꾸기에는 턱없이 부족한 것입니다.

이 바보야, 경제가 아니라 인물과 언변이야!

이것은 현대의 많은 정치적 이야기가 지니는 또 하나의 성격을 드러냅니다. 정치에서의 싸움은 흔히 인물에 대한 싸움입니다. 만일 여러분이 참을 수 있다면, 앉아서 정치 운동 광고 몇 개를 시청해 보십시

---

4) 역자주 – 존 케리가 제대하고 미국에 돌아와 전쟁에 반대하는 것은 애국적이지 않다는 식의 말을 가리킵니다.

오. 대부분 뚜렷한 입장차를 드러내는 낙태 문제와 같은 쟁점이 언급되지 않는 한, 그 후보자나 '비리폭로전(negative ad)'의 대상이 어느 당에 속하는지를 구별하기가 어려울 것입니다. 왜냐하면 핵심적인 정책적 쟁점들에 대해서는 거의 말하지 않고 주로 후보자의 행복한 가정이라든지, 법정에서 받은 좋지 못한 판결이라든지, 세금 보고에 문제가 있었다든지, 어떤 할머니가 길을 건너는 데 그 후보가 도와주었거나 혹은 승합차 아래로 밀었다든지 하는 등의 생활 속 사건이나 행동으로 드러난 개인적인 덕목이나 악덕에 초점을 맞추기 때문입니다. 모든 정치 담론이 이야기 중심으로 이루어지는 세상에서는 인물(인품)이 왕입니다. 그러나 인물은 결코 그 직책에서 요구되는 정책에 관한 전문적인 능력을 함축하지 않습니다(때로는 정당 간에 실제 정책적인 차이점들이 매우 적어서 다양한 면들을 분별하기 위해 인품이 한 역할을 감당할 수도 있겠지만, 그것은 여기서 말하는 바와는 다른 경우의 이야기입니다).

혹시 여기에 종종 보수적인 라디오 토크쇼나 워싱턴, 할리우드, 법과대학 등에서 자주 언급되는 '(정치적) 엘리트(elite)'라는 단어를 붙일 수 있을지도 모릅니다. 실로 '엘리트'라는 말은 여러 맥락에서 좋은 단어일 수 있습니다. 예를 들어, 어느 누가 우수하지 못한 의사에게 자기의 뇌 수술을 맡기려고 하겠습니까? 그러나 우파의 정치 담론에서 그 단어는 『보물섬』(Treasure Island)에 등장하는 해적들이 두른 공포의 검은 두건처럼 쓰입니다.

영국에서는 토니 벤(Tony Benn, 영국의 노동당 소속 하원 의원)과 같이 전형적인 상류층에 속하는 사회주의자의 입에서 '계급'이라는 말이 나올 때면 언제나 좌파의 피가 끓어오릅니다. 마찬가지로 미국에서는 우파가 '(정치적) 엘리트'라는 단어를 사용하는 것이 그 핵심 유권자들에게 거의 동일한 효과를 만들어 냅니다. 조지 부시가 이 카드를 활용했을 때, 실상 그의 베트남전 관련 기록이 보여 주다시피 모순적이게도 부시 대통령보다 더한 엘리트는 아무도 없었습니다. 전직 대통령의 아들이 아무리 "나는 그저 텍사스 출신의 선량한 노인"이라는 노래 가사를 읊어 댄다 할지라도 절대 실수하지 마십시오. 그는 엘리트입니다. 다시 한번 강조하지만, 나는 여기에서 어느 정당의 정치적 입장을 지적하려 하지 않습니다. 단지 현재 이 시대의 정치라는 것이 궁극적으로 정책에 대한 것이 아니라는 사실을 지적하려고 합니다. 정책은 주장이나 논증을 요구하지만, 오늘날의 정치는 실상 시각적이며 이야기 중심의 이미지가 핵심이기 때문입니다.

영국의 경우에는 역사적으로 상류층인 '그들'이 나머지 우리의 것들을 언제나 다 차지하고 있다는 계급적인 이야기가 존재합니다. 마찬가지로 미국에서는 동부와 서부 연안의 (정치적) 엘리트 진보주의자들인 '그들'이 미국의 가치들을 무너뜨리고 있다는 이야기가 존재합니다. 조지 부시처럼 분명 엘리트인 사람이 이렇게 말한다면, 그가 어느 버튼(buttons, 단추)을 눌러야 할지를 알기 때문에 그 이야기는 그대로 힘을 유지합니다. 사람들에게 그들이 듣고자 하는 '엘리트들'에 대해 이야기한다면, 비록 여러분과 그들의 이해관계가 서로 반대된다 하더라도 그들은 여러분의 말을 들을 것입니다. 한편 그들에게 통계 등으로 무장한 주장이나 논증을 제시해 보십시오. 그들에게 여러분은 '엘리트'처럼 비춰질 것이며, 비록 여러분의 말이 그들의 이익을 위한 것이라 하더라도 그들은 지루해하면서 돌아서 버릴 것입니다.

또한 이야기의 힘은 흔히 정치적인 의식구조에 존재하는 신념들의 기이한 네트워크와 연합을 설명하는 데 도움을 줍니다. 예를 들어, 나는 좌파에서 얼마나 많은 이들이 낙태가 여성의 권리 개념과 얽혀 꼼짝할 수 없이 묶이게 되었는지를 설명하려고 노력했는지 궁금합니다. 또는 자신을 위해 자기 목소리를 낼 길이 없는 사람을 대변한다고 자랑스러워하는 좌파가 현대 미국에서 어떻게 낙태의 권리에 대한 입장을 참된 정치적 진보주의자인지를 판단하는 잣대로 선택하게 되었는지 의아합니다. 유전학에 근거한 과학적인 논의도 없고, 태아가 자궁 밖에서 얼마나 살 수 있는지에 대한 논의도 없이, 주로 여성 압제에 대한 감정적인 이야기를 근거로 그런 일이 이루어졌습니다. 이것은 여러 측면 중에서도 관련된 한 개인에게만 초점을 맞추고 있습니다. 여기에서 태아는 인격체가 아니며, 따라서 자신을 위해 자기 목소리를 낼 수 없는 자로서도 자격이 없고, 따라서 좌파의 후원 대상에서도 배제됩니다.

우파도 이와 비슷한 속임수를 씁니다. 보수적인 종교 안에서 사용하는 정치적인 쟁점은 대부분 낙태에 초점을 맞추고 있습니다. 그러나 이것을 조금만 더 깊이 파고들어 가 보면, 상당히 다르고 성경적으로 매우 모호한 문제점들이 많이 드러납니다. 그리고 이것들은 쉽게 흑백으로 구분되어 버립니다. 그리하여 '그리스도인들은 이것을 믿고, 무종교적인 진보주의자들은 저것을 믿는다'는 식의 수사학에 빠져 버립니다.

총기 규제도 그런 쟁점 중 하나입니다. 분명히 양측이 주장하는 바가 있습니다. 그리고 필라델피아와 빌링스(Billings, 몬타나 주에 속한 도시)처럼 사회적 상황이 다른 여러 지역에 똑같은 법안을 적용하는 것이 과연 타당한가에 대한 논란이 있습니다. 그런데 흥미롭게도 이 쟁점에 대한 우파의 입장은 종종 어떻게 '그들'(좌파와 연방 정부 등)이 공작하는가 하는 특정한 이야기를 기초로 합니다. 나는 여러 번 그런 주장을 들었습니다. "만일 오늘 무기를 소지할 수 있는 권리가 제한된다면, 그들은 내일 재판도 없이 우리를 가두어 버릴 것이다"라는 식입니다. 전 세계적으로 이 두 현상이 필연적이며 불가피하게 인과적으로 연결되어 있다는 증거는 거의 없습니다. 그러나 여기에 1776년 미국을 건국할 당시의 이야기를 연결하면, 거기에는 거의 깨뜨릴 수 없는 참으로 강력한 수사학적인 연관성이 생겨납니다. 여기에 반대하는 주장은 주로 그저 주장일 뿐, 강력한 믿음과 확신을 몰아낼 수 있을 만큼 감동적인 이야기가 아닙니다.

건강보험도 또 하나의 예로 제시될 수 있습니다. 성경을 아무리 읽어도, 내가 보기에는 하나님께서 건강보험 제도가 어떤 식으로 정립되어야 하는지, 이 방법이 좋은지 저 방법이 좋은지에 대해 그리 신경 쓰시지 않는 것 같습니다. 아픈 것은 타락의 결과입니다. 아프고 고통당하는 사람들에게 긍휼의 손을 뻗으시는 것이 그리스도 안에 계시된 하나님의 한 성품입니다. 그리고 그리스도인은 이러한 하나님의 성품을 반영하여 거기에 맞게 행동해야 합니다. 이것은 신자들이 건강보험을 선한 것으로 간주해야 하며, 가능한 한 많은 사람들이 건강보험을 통해 도움 받기를 원해야 한다는 뜻일 뿐입니다. 어떻게 그 일이 행해지고 국가가 어느 정도 개입해야 하느냐 등은 정당한 토론의 주제일 뿐, 그리스도인들을 서로 분리시키는 쟁점은 아닙니다.

이러한 맥락에서 볼 때, '죽음의 패널'(death panels, 의사와 공무원으로 구성된 결정 기관)에 대한 세라 페일린의 언급은 논리를 날조하는 좋은 예입니다. 그것은 왜곡된 논리요 입증할 만한 증거가 전혀 없는 궤변의 창궐이었습니다. '어떤 노인이 살고 어떤 노인이 죽어야 하는지를 결정하는 정부'라니요! 이 얼마나 섬뜩한 말입니까! 그런 궤변은 이미 정부를 국내에서 전혀 좋은 일을 하지 않는 자유의 원수로 인식하고 있는 전반적인 보수주의 사고 안에 들어와서 직접적으로 작용합니다(그러면서도 우파는 일반적으로 국제 문제에 관해서는 정부를 위대한 자유의 대행자로 간주합니다). 세라 페일린은 논리적인 주장을 펼칠 필요도 없이, 그저 이미 받아들여지고 있는 이야기가 공명할 수 있도록 전형적인 음을 치기만 하면 되는 것입니다.

그들은 건강보험의 진실이라고 하면서, 아무리 쓸 수 있는 돈이 많아도 결코 충분하지 않을 것이며, 따라서 곳곳의 모든 병원이 재정이나 다른 자원들을 어떻게 사용할지에 대해 우선순위를 매겨야 할 것이고,

결국 어디에선가 힘든 결정들이 내려질 것이라고 말합니다. 그러나 어떤 청구를 받아들이고 어떤 청구를 거절할 것이냐를 결정하는 권한, 또는 기존의 조건들을 받아들이느냐 거절하느냐를 결정하는 권한을 민주적으로 선출된 정부에 맡기는 것이 민간 보험회사들에게 맡기는 것보다 정말로 더 나쁜 것입니까? 이것은 세라 페일린이 제시한 '죽음의 패널'이라는 궤변과 똑같은 궤변이 아닙니까? 최소한 정부의 경우에는, 비록 기회가 적기는 하지만 얼마 있다가 그들을 자리에서 내쫓을 수 있는 기회가 우리에게 주어집니다. 효율성과 관련하여 '얼마나 많은 개인의 보험료가 광고에 소비될 것인가'를 묻는 흥미로운 질문들도 있습니다.

전 국민 건강보험 제도가 완벽하지는 않습니다. 그러나 그 제도는 실상 미국에 대한 최근의 몇몇 토론에서 악몽으로 그려진 것과는 다릅니다. 실제로 산업화된 전 세계에서 오직 한 나라만 전 국민 건강보험을 시행하고 있지 않습니다. 그처럼 전 국민 건강보험 제도가 대부분의 민주국가의 국민들 사이에서 실제로 인기가 있는 것은, 그 제도가 정치적인 자유와 모순되지 않으며 꽤 근사한 혜택을 제공할 수 있기 때문일 것입니다.

건강보험에 대한 논쟁보다 훨씬 더 이상한 논쟁은 지구 온난화 문제와 관련된 논쟁입니다. 어떤 사람은 그 사례가 아무리 복잡하다 하더라도 경험적으로 '인간이 만든 오염이 세계의 기후에 영향을 미쳤는가' 하는 질문이 궁극적인 문제의 핵심이라고 봅니다. 그것은 사실이거나 사실이 아니거나 둘 중 하나일 것입니다. 우리가 아직 그 질문의 답을 결정할 수 있는 위치에 있지 않을 수 있습니다. 그러나 앞으로 언젠가는 우리가 답할 수 있게 되기를 바랍니다.

그런데 최근에 나는 기후변화에 대한 문제가 '지구 온난화 종교'로, 또는 '진보주의 측의 음모'로 언급되는 것을 들었습니다. 참으로 흥미롭게도 이 말은 부분적으로 환경에 대한 청지기 개념과 창조 명령을 분리하는 입장을 대변하고 있습니다. 보수적인 그리스도인들은 종종 예술과 영화에 기독교적으로 접근하는 방법들에 관한 문제에서부터 고전어 교육에 초점을 맞춘 학교 교육 과정을 개발하는 데 이르기까지(곁가지로, 이러한 교육 과정은 흥미로운 르네상스일 수는 있겠지만 특별히 기독교적인 생각은 전혀 아닙니다) 온갖 것에 창조 명령을 적용합니다. 그런데 바로 그들이 그 개념을 환경을 돌보는 일에 적용하는 일에는 주저하거나 심지어 적대적이기까지 한 듯합니다.

어떤 사람은 이것이 적어도 부분적으로는 수많은 라디오 토크 쇼에서 전해진 것처럼 소위 '진보주의자의 대음모와 이야기의 힘'이 낳은 결과라고 의심합니다. 그들은 주장하기를, "어떤 진보주의 인사들이 지구 온난화가 일어날 것이라고 믿고 있다. 그러므로 지구에 기후변화가 일어난다는 생각을 모두 의심해야 하고, 그들의 믿음 이면에 숨은 의도가 무엇인지를 찾아보아야 한다"라고 합니다. 앤 코울터(Ann Coulter)와 글렌 벡 및 그 무리와 같은 강성 우파 비평가들에 따르면, 진보주의자들이란 너무나 우둔해서 진실을 볼 줄 모르고 어떤 안건에 대해서도 쓸 만한 주장을 내세울 줄 모르며, 다만 우리가 알고 있는 세계 문명의 모든 측면들을 전복시키려는 음모를 짜내는 데만 탁월합니다.

앨 고어가 기후변화에 관한 영화('불편한 진실')를 제작했기 때문에 기후변화가 일어날 것이라는 그의 주장이 진실이 되는 것은 아니지만, 또 한편 그것 때문에 그의 주장이 거짓이 되는 것도 아닙니다. 앨 고어가 아마도 그 영화를 홍보하기 위해 연료를 꿀꺽꿀꺽 삼키는 제트기를 타고 전 세계를 날아다녔다는 사실이 개인의 청렴성이나 일관성에 대해 문제를 제기하게 할 수는 있겠지만, 그의 행위가 반드시 그의 주장들을 쓰레기로 만드는 것은 아닙니다. 인물(인품)은 주장과 결정을 판단하는 데 그리 유용하게 작용하지 않습니다. 정치 철학의 경우가 그렇다면, 궁극적으로 경험 과학에 관한 문제는 더욱 그러할 것입니다.

물론 양측이 모두 그 점에서는 유죄입니다. 기후변화를 부정하는 일에 관한 좌파의 언급들은, 거의 정신병자의 행위 같았던 유태인 학살이 있었음을 부인하는 현상과 관련지어 궤변을 만들어 냄으로써 그 주장을 뒤엎으려는 수단일 뿐인 것 같습니다. 그래서 마찬가지로 우파에서는 "지구 온난화 종교"라는 말이 나오고, 그것이 먹히는 것입니다.

그러나 예를 들어, 총기 규제나 과세 비율에 대한 각각의 견해와는 상관없이 기후변화를 보여 주는 증거와 이에 반대되는 증거에 따라 확신을 가질 수는 없는 것일까요? 진정 책임 있는 시민이라면, 각 쟁점에 대하여 그 나름의 장점을 생각해 보려고 할 것입니다. "기후변화를 사실로 여기는 것이 진보주의자의 입장이다"라고 한마디로 단정해 버리는 것은 그것을 커다란 음모의 결과로 여기는 것이며, 그러한 사고로는 더 이상 지성적인 정치 토론에 임할 수 없습니다. 내러티브(이야기) 신학에 대해서 흔히 (정당하게) 의심하는 사람들은 내러티브 정치에 대해서도 다소 회의적일 수 있어야 합니다. 내러티브 정치가 사실상 당장에 찾을 수 있는 유일한 대안이기 때문에 우리에게는 의지와 고된 노력과 지적인 헌신이 필요할 것입니다.

결론

결론을 내리기 위해서 분명히 밝힐 것이 있습니다. 나는 지금 현재 시행되고 있는 민주주의가 매우 복잡한 문제들을 안고 있다고 주장하고 있습니다. 그런 문제들은 진지하고도 예리하게 정책들을 제시해야 하는데도 거기에 적극 반대 하는 정당이라는 틀, 그리고 텔레비전과 외적인 아름다움에 집착하는 문화 등을 통해 양산됩니다. 이 시점에서 말씀드리지만, 나는 유토피아를 추구하는 사람이 아닙니다. 제시할 만한 대안도 없습니다. 그러나 나는 우리가 그리스도인이자 시민으로서 정치와 정치 과정에서 전달되는 문제점들과 제약들, 그리고 현실적인 기대들을 의식하면서 정치와 정치 과정에 참여하기 위해서는 내가 지금까지 설명한 진실을 깨달아야 한다고 믿습니다. 이것이 문제들을 해결해 주지는 않겠지만, 서로 좀 더 지성적으로 대화하고, 흔히 공적인 토론에 그리스도인들이 조장하는 상당히 흑백논리적인 당파성을 극복하도록 도울 수는 있을 것입니다.

정치 과정의 실용성에 대해서는 마지막 장에서 다루겠습니다. 여기서는 그리스도인들이 정치의 파당적 성격을 (각 정당이 자기의 기본적인 이해관계를 가지고 양측의 차이점들을 부각시킨다는 점에서) 양극화시키는 면이 있다는 것을 이해해야 합니다. 동시에 주장과 논의 대신에 가시적인 아름다움과 이야기 형식의 자료들을 점점 더 의지함으로써 적절한 사고와 토론을 뒤엎어 버린다는 점을 이해하는 것도 지극히 중요합니다. 특히 가시적인 아름다움과 이야기를 추구하는 현상은 쟁점들을 단순화시키며, 논리적으로 필연적인 연결 고리가 없는 (예를 들어, 낙태와 총기 규제와 같은) 쟁점들을 서로 연결시키는 능력을 발휘합니다. 이러한 정황 가운데서 선한 청지기가 되기 위해서는 분별력 있는 비판적인 의식구조가 필요합니다. 그래야 정당 체제의 수법들을 적절히 검토할 수 있습니다.

무엇보다도 그리스도인들은 정치에 참여할 때 깊이 생각해야 합니다. 우리는 다양한 정치적 입장들을 밑에 깔고서 정치권에서 흘러나오는 모든 이야기들을 아무 비판 없이 다 받아들여서는 안 됩니다. 이 세상의 이야기들을 친숙히 잘 알고 이러한 이야기들이 어떤 방식으로 개인과 사회를 형성하는지를 잘 알아야 합니다. 우리는 정치 담론의 상투적인 수단인, 논증과 논리를 대체하는 일종의 야단법석을 떠는 대중영합주의(populism)에 신임장을 주어서는 안 됩니다. 그리스도인이라면, 대통령을 배트맨에 나오는 조커(Joker)로 그려 놓은 사진을 들고서 퍼레이드를 벌여서는 안 됩니다. 또한 경찰의 방어벽 뒤에서 선출된 관리들을 향해 심한 욕설을 내뱉는 것을 주장이라고 생각하는 사람들과 어울려서도 안 됩니다. 그리고 "우리가 남인가!"라고 말하면서 옳든 그르든 내 정당이라는 식의 태도를 취해서도 안 됩니다. 민주주의 사회에서 정치 참여는 당원으로든 유권자로든 불가피하게 한 정당에 참여할 것을 요구합니다. 그런데 만일 우리가 모든 당원이나 지지자들이 반드시 이러저러한 것을 믿어야 한다고 가정하는 함정에 빠져든다면, 그 순간 우리는 단순히 상투적인 구호를 따를 뿐인 무뇌아가 되고 말 것입니다. 시민사회에서 그리스도인들은 최악의 시민의 모습을 강화하는 것이 아니라 최선의 시민의 모습이 어떤 것인지를 보여 주는 모범을 제시해야 합니다. 그리고 이것이 정치적인 범주를 넘어 적용되어야 합니다.

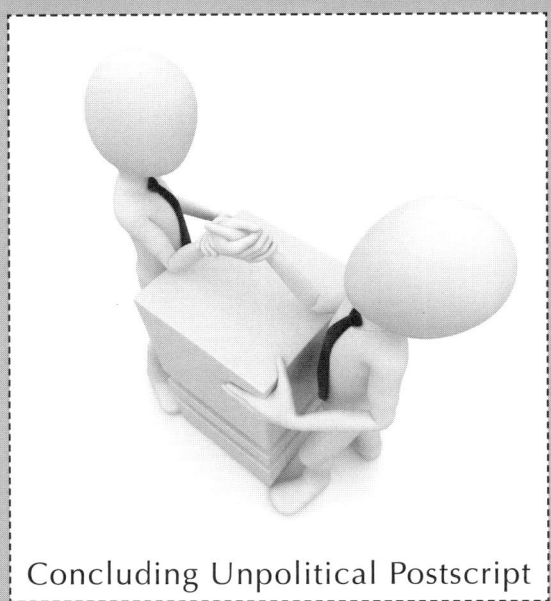

Concluding Unpolitical Postscript

6장
비정치적 후기

대개 영국에서 선거철이 되면 떠도는 말이 있습니다. "누구에게 투표하든지 상관없이 정부는 항상 개입할 것이다." 이 말에는 각 당이 모든 선거에서 제시하는 공약을 조롱하는 일종의 냉소주의가 깔려 있습니다. 그러나 동시에 그 말에는 상당한 진실도 담겨 있습니다. 결국 민주주의 제도 가운데서 정부는 선거철에 자기들이 내세우는 목소리에 담긴 변화를 거의 일구어 내지 못한다는 것이 명확합니다. 그러므로 실로 골수 우파나 급진 좌파 후보들이 자기들이 권력을 잡기만 하면 중도가 될 것처럼 말하는 것은 매우 놀라운 일입니다.

여기에는 다양한 원인이 있습니다. 첫째, 그것은 경쟁적인 선거 절차가 빚어낸 결과입니다. 다양한 정당의 입장과 후보자를 좀 더 눈에 띄게 만들기 위해서는 모든 참여자가 차이점들을 강조할 필요가 있습니다. 현재 영국은 혼합 경제와 공익사업의 국유화 개념에 초점을 맞추고 있는 구식 사회주의가 기본적으로 죽어 버리고, 일부 과격파를 제외하고는 모든 사람들이 자유시장경제의 주요 내용을 수용하고 있습니다. 이러한 정치적 상황 가운데서 노동당과 보수당이 자신들을 서로 대립적으로 제시하는 것은 아주 중요합니다. 윈스턴 처칠의 웅변까지 제시할 필요는 없을 것입니다. 1945년에 처칠은 노동당의 입안을 실행에 옮기려면 게슈타포(Gestapo, 나치 독일의 비밀 국가 경찰)를 동원해야 할 것이라는 파렴치한 주장을 펼쳤습니다(어쨌든 그 선거에서 그는 졌습니다). 사회적, 경제적으로 최후의 아마겟돈(Armageddon) 전쟁이 닥칠 수 있다는 암시들은 전형적인 과장 선거운동입니다.

둘째, 민주적 절차의 성격 자체가 급진주의를 제약합니다. 선출된 정치인들에게는 보살펴야 할 다양한 유권자들이 있습니다. 자기 정당이 있고, 그들을 뽑아 준 사람들이 있으며, 그들에게 기금을 보조받고 싶어하는 여러 로비 단체들이 있습니다. 이 단체들의 이해관계는 저마다 거의 다릅니다. 따라서 정치가의 일상은 일반적으로 좌로나 우로나 지나치게 급진적인 방향으로 가지 않도록 막아야 할 책임과 이에 수반되는 위험 사이에서 균형을 잡는 것입니다. 대통령이나 수상이나 최고위직에 있는 사람들의 형편은 훨씬 더 복잡할 수 있습니다. 그들은 자기 정당 안에서조차도 그 최고 자리를 선망하는 내부의 적들을 상대해야 하기 때문입니다.

셋째, 정치인들은 자신들이 책임자인 것처럼 생각하고 싶어하지만, 정치인들만이 정책을 세우는 유일한 요소는 아닙니다. 오히려 급료를 받는 정부 관료가 그 절차 가운데 진정으로 안정되고 연속된 한 요소입니다. 공화당과 민주당, 노동당과 보수당이 들어왔다 나갔다 하는 동안에도, 서류를 정리하는 관료들은 계속해서 그 자리에 남아 있기 때문입니다. 이에 덧붙여, 조직에 있어 본 사람은 누구나 알겠지만, 아무리 상대적으로 작은 일이라 할지라도 변화는 매우 더딥니다. 하물며 국가 구조를 바꾼다는 것은 엄청나게 어려운 일입니다. 다시 말해서, 정치인들은 "예, 우리가 할 수 있습니다!" "우리는 변화를 믿습니다!"라고 말하면서 자기들의 중요성을 부각시키려고 하겠지만, 종종 변화시키는 능력(적어도 신속하게 변화시킬 수 있는 능력)은 그들이 선거운동을 펼치는 동안 할 수 있다고 말하는 것보다도 훨씬 적습니다.

이 모든 사실들 때문에, 나는 민주적인 절차에 참여하는 그리스도인들은 현실적으로 무엇이 가능하며 무엇이 불가능한지를 이해해야 한다고 믿습니다. 우리는 온 힘을 다 쏟아야 하는 청지기들이지, 지상에 하늘나라를 만드는 몽상가들이 아닙니다. 정치는 아무리 좋다 할지라도 가능한 대안들을 표현하는 철저히 실용적인 업무입니다. 한 사람의 그리스도인으로서 '강경하게 순수주의자(purist)의 입장을 취하고, 오직 일관성 있는 기독교의 입장을 확인할 수 있는 문제들에 대해 언행이 일치하며, 오직 일관성 있는 기독교의 입장을 대표하는' 정치가에게 투표하겠다고 결심할 수 있습니다. 만일 그렇다면, 내 생각에 그 사람은 결코 투표하러 가지 않을 것입니다. 왜냐하면 이 시대에 그런 사람이나 그런 정당이 있을 턱이 없기 때문입니다. 그리고 만일 당신이 투표하지 않는다면, 실제로 아무런 영향력도 끼칠 수가 없습니다. 그저 옆에 앉아서 월도프(Waldorf)나 스탯틀러(Statler)처럼[1] 잔소리나 해댈 뿐, 실상 아무런 목소리도 내지 못합니다.

대부분의 기독교 전통들은 이런 입장을 견지하지 않습니다. 다만 개혁장로교인들(the Reformed Presbyterians)은 예외입니다. 그들은 여러 해 동안 교인들이 투표하는 것을 허락하지 않았습니다. 그것은 그들의 역사와 1643년에 영국과 스코틀랜드 사이에서 맺어진 '엄숙 동맹(Solemn League and Covenant)'의 의의에 대한 이해로 형성된 확신에서 비롯되었습니다. 이런 개혁장로교인들을 제외하고는 대부분의 그리스도인들이 투표소로 향할 때 어느 정도 실용주의가 내포되어 있는 투표를 하리라는 것을 받아들이는 것 같습니다. 투표하는 그리스도인들이 보기에 자기들이 투표할 후보나 정당이 그리스도인으로서 적합하며 마땅하게 여기는 정책들과 입장들의 일부분만을 대표할 것이기 때문입니다.

여기에서 '우리가 어디에서 선을 그어야 하는가?' 하는 문제가 제기됩니다. 그리스도인들이 그런 투표소에서조차도 타협할 수 없는 분기점이 되는 쟁점들이 있습니까? 적어도 미국의 보수적인 그리스도인들은 대부분 "바로 낙태 문제다!"라고 대답할 것입니다. 정치적으로 낙태 논의가 진행되면서, 특히 양당제 가운데서 그 논의가 진행되면서, 이

---

[1] 역자주 - 월도프(Waldorf)와 스탯틀러(Statler)는 아이들을 위한 인형극 "The Muffet Show"에 등장하는 말 많은 두 노인들입니다.

논의는 개신교와 가톨릭 양쪽의 보수적인 그리스도인들의 분기점이 되었습니다.

이 책의 앞부분에서 언급했듯이, 낙태에 대한 논의는 매우 기이하게 발전되어 나왔습니다. 모체 안에 있는 태아의 생명을 종식하는 일을 포함하는 낙태는 좌파에게는 고전적인 대의명분이 될 것처럼 여겨집니다. 결국 좌파는 압제당하면서도 스스로 자신을 변호할 수 없는 사람들을 위해서 목소리를 내는 일을 자랑으로 삼고 있지 않습니까? 그러나 이 문제에 관하여 좌파는 스스로 자신을 변호할 수 없는 사람들을 위해 목소리를 높이지 않는 것을 영예로 삼는 사람들에게 점령당했습니다. 여성을 압제하는 일과 낙태를 시술해 달라는 그들의 요구를 거절하는 일을 수사학적으로 연결한 것은 참으로 충격적입니다. 거기에는 논리적으로 본질적이고도 내적인 연결 고리가 없습니다. 그런데도 이 사실은 현재 자신들을 진보로 여기는 사람들에게 사실상 입 밖에 내서는 안 될 말이 되어 버렸습니다. 이것이 바로 좌파 자유주창자 지식인인 내트 헨토프가 충격을 받은 논리의 비약입니다. 그는 좌파에 속하는 사람으로서 이 쟁점에 대해 자신이 어떻게 해야 할지를 정확히 이해했습니다. 그리하여 결국 그는 다른 정치적인 쟁점들에 대해서는 어깨를 나란히 했던 사람들에게서 따돌림을 당하고 밀려나 버렸습니다.

나는 낙태에 반대합니다(Pro-life). 현재의 문화적인 논리와는 반대로, 정치적으로 진보적인 나의 본능(약자에 대한 관심)은 나의 복음주의적 헌신(생명의 존엄성에 대한 관심)과 결합하여 나를 낙태에 반대하는 진영에 넣었습니다. 그런데 미국의 정치 상황 가운데서 낙태에 대한 논의가 전개되는 방식은 의심스럽습니다. 미국의 정치에서 낙태에 대한 논의는 종종 우파가 자기 후보자들을 위해 쉽게 표를 얻고자 떠들어대는 수단 정도로 사용되고 있는 것 같습니다.

  2000년도 선거 당시 몇몇 기독교 진영들에서는 조지 부시가 낙태에 반대하는 후보라고 선전되었습니다. 그리고 대통령으로서 그는 부분적인 낙태(partial-birth abortion, 15주에서 26주 사이의 태아에 대해 낙태를 금지한 법안) 입장을 택했습니다. 물론 그 입장은 분명하게 낙태를 반대하는 입장과는 거리가 멀었습니다. 로 대 웨이드(Roe v. Wade, 1973년) 사건2)의 판결을 인정하는 많은 미국인들도 이 부분적인 낙태 시술을 끔찍하게 여깁니다. 또한 부시가 텍사스 주의 재판부에 지명한 인물들이 실제로 텍사스 주지사로서 부시에게 대해 조정역할을 하게끔 되어 있었지만, 확실한 낙태 반대 입장을 견지했다는 증거는 거의 없습니다.3)

  또 하나의 좋은 예를 2008년 대선에서 존 매케인이 보여 줍니다. 낙태 및 낙태에 대한 그의 입장 표명의 기록을 추적해 보면, 대략 말하더

---

2) 역자주 – 로 대 웨이드(Roe v. Wade) 사건은 헌법에 기초한 사생활의 권리에 낙태를 할 권리가 포함되는지에 관한 미국 대법원의 가장 중요한 판례입니다. 이 판례에서 미국 연방 대법원은, 낙태를 처벌하는 법률들이 대부분 미국 수정헌법 14조를 위배하는 위헌이며, 여성은 임신 후 6개월까지는 낙태를 선택할 헌법상의 권리를 가진다고 판결하였습니다. 그때까지 미국의 대부분의 주(州)가 여성의 생명이 위험하지 않는 한 낙태를 금지하였으나, 이 판례로 인해 낙태를 금지하거나 제한하는 미국의 모든 주와 연방의 법률들이 폐지되었습니다.

3) Jim Yardley, "Bush's Choices for Court Seen at Moderates," New York Times, July 9, 2000, http://www.nytimes.com/2000/07/09/us/bush-s-choices-for-court-seen-as-moderates.html?pagewanted=1. 2010년 3월 22일 접속.

라도 모호합니다만, 일단 유권자들의 표가 필요하자 낙태에 반대하는 표현이 뚜렷이 증가하게 되었습니다.

또한 공화당은 흔히 낙태에 반대하여 태아의 생명을 옹호하는 사람들의 당이라고 여겨지지만, 실제 그림은 단순하게 분류하기 어렵게 훨씬 더 복잡합니다. 절대적인 순수주의자들도 있습니다. 그들은 모든 낙태를 즉시 금지하고자 합니다. 또한 점진적 개선주의자들도 있습니다. 그들은 정치적인 변화에 오랜 시간이 걸린다는 점을 인정하며, 따라서 낙태 금지라는 최종적인 목표를 향해 노력하는 후보자를 찾고자 합니다. 그러나 그들은 이 목표에 이르기까지는 (낙태가 시행되는 법적인 조건을 낮추거나 합법적으로 낙태 시술을 받을 수 있는 범위를 제한하는 등) 다양한 중간 단계들이 필요하다고 봅니다. 두 집단 안에서는 강간 피해자나 임신 때문에 생명이 위태로운 산모 등을 포함하여 어느 범위까지 합법적으로 낙태 시술을 받을 수 있게 할 것인지에 대한 토론이 진행되고 있습니다.

이러한 점들을 고려하여 낙태에 대한 논의를 돌아볼 때 여러 가지 의문이 떠오릅니다. 첫째, 생명을 옹호하는 미사여구를 볼 때, 낙태에 대한 공화당의 실제 입장은 무엇일까 하는 것입니다. 그리 인상적이지는 않습니다. 1973년에 로 대 웨이드 판결이 이루어진 이후 공화당은 대통령직을 가장 많이 누렸으며, 또한 상당 기간 의회를 장악하였습니다. 그런데도 여전히 낙태법이 유지되고 있으며, 낙태 비율이 엄청나게 높습니다. 그래서 이미 조지 부시가 대통령직에서 물러났는데도 그와 같은 보수파 대통령이 진정한 낙태 반대 운동가일 수 있는지에 대해 의견이 분분합니다(2000년도와 2004년도 대선에서 사용된 표현이 다소 동일하지 않았습니다).

  민주적인 법제화를 통해 낙태를 줄이거나 불법화하는 방법은 별로 성과가 없다는 것이 명확해지는 것 같습니다. 그것은 미국의 견제와 균형의 체제로 인한 법안 통과의 복잡성 때문이라고 볼 수 있습니다. 또는 조금 냉소적으로 말해서, 그것은 슬프게도 미국인들이 대부분 낙태를 옹호하며, 정치가들이 선출되기 위해서는 그런 사람들의 표가 필요하기 때문일 것입니다.

  둘째, 이 첫 번째 요점에서 보는 대로, 만일 그 쟁점을 해결하기 위한 민주적 법제화의 길에 별로 성과가 없다는 것이 입증되고 있다면, 개인이 선거기간에 투표할 때 그 문제를 성패를 가르는 핵심 쟁점으로 만들 필요가 있겠는가 하는 것입니다. 오히려 그것은 단지 그 논의의 양측에 선 냉소적인 정치가들이 자기 지지자들을 선동하고 반대파를 악마화하는 데 사용하는 말장난이 아닐까요? 낙태의 권리를 주장하는 입장(Pro-choice)의 민주당 후보에게 투표하는 사람은 낙태를 반대하는 입장(Pro-life)의 공화당에게 (그것이 결코 입법화되지 못할 것임을 알면서도) 투표하는 사람보다 어느 정도는 죄가 더 많은 것일까요? 내가 알고 있는 대부분의 낙태 반대 입장의 공화당원들은 실제로는 점진적인 개선주의자들입니다. 그들은 낙태를 반대하는 사람으로서 투표하지만, 변화가 일어난다 할지라도 매우 서서히 일어날 것임을 알고 있습니다. 만일 이처럼 거시적 수준에서 점진적인 개선주의가 용인될 수 있다면, 정당의 수준에서는 왜 안 되는 것일까요? 낙태를 반대하는 민주당원들이 변화를 달성하기 위해 자기의 정당 안에서 바로 그러한 점진적인 개선주의적 전략과 철학으로 일하는 것은 받아들여질 수 없는 것일까요?

핵심은 이것입니다. 미국에서 낙태 문제는 오직 양당에 투표하는 국민 대다수가 원할 경우에만 변할 수 있으리라는 것입니다. 선거철에 의견을 분열시키고 편을 가르는 쟁점으로 낙태를 사용한다면, 그리스도인들이 모두 바라는 바 합법적인 낙태가 감소되고 궁극적으로 제거되는 일은 결코 이루어지지 않을 것입니다.

어떤 면에서 이 사실은 기독교적 관점에서 볼 때 정치의 핵심을 보여 줍니다. 어떤 차원에서든 정치는 매우 실용적인 현상입니다. 이것이 투표하는 개인과 입후보하는 후보자의 현실입니다. 앞서 언급했듯이, 변화의 능력, 진정한 변화의 능력은 언제나 어느 개별 정치가가 통제할 수 없는 여러 가지 요인들의 제약을 받습니다. 그러므로 그리스도인들은 선한 청지기로서 지금 여기에서 자신이 감당해야 할 정치적 책임들을 이해해야 합니다. 원한다면, 신율주의(theonomy)나 신정정치(theocracy)나 기독교 국가를 말할 수도 있습니다. 그러나 우리가 알다시피, 지금 이곳 실제 현실 세계에서 그리스도인들은 현재의 상황에 맞게 자신들의 표를 행사해야 합니다. 신약성경에서 국가 당국에 대한 존경을 매우 분명하게 가르치고 있듯이, 그리스도인들은 선량하고도 훌륭한 시민들이 되어야 합니다. '마르크스주의'와 '파시즘' 그리고 '전체주의

(totalitarianism)'에 대한 어린아이 같은 궤변이 울려 퍼진다 할지라도, 오늘날 미국에서 우리는 1세기에 바울이 견딘 것과 같은 압제 아래 있지 않으며, 또한 진짜 마르크스주의 국가나 파시스트 국가에서 행해졌던 압제 아래 있지도 않습니다.

낙태라는 쟁점뿐만 아니라 총기 규제와 국방을 위한 지출, 재정 규제와 교육 문제에 이르기까지, 수많은 쟁점들에 대해 기독교의 박식한 비평가들이 강력하게 의견을 제시하고 있습니다. 물론 문제는 교회에 이러한 쟁점들에 대하여 압력을 가할 수 있을 만큼 뚜렷한 성경적인 입장이 있느냐 하는 것입니다. 바로 이것이 논란거리입니다. 그리스도인은 정의롭지 못한 전쟁에 사용될 수 있는 무기들을 생산하고 구입하는 일을 지지할 수 있습니까? 무기 생산과 구입에 반대할 경우 다른 나라의 공격에 우리나라가 무방비로 노출될 수 있는데도 이에 반대해야 합니까? 여러분의 의견은 어떻습니까?

정치적인 쟁점들을 이런 식으로 풀어나가는 것은 교회가 할 일이 아닙니다. 교회의 위대한 신조나 신앙고백서의 진술들을 검토해 본다 할지라도, 분명 별로 소득이 없을 것입니다. 신조와 신앙고백서들은 하나님과 복음에 관한 중심 진리들을 소개합니다. 그리고 이러한 내용을 중심으로 교회에 대해 한 가지 사실만을 말합니다. 즉, 교회는 이러저러한 사회 정책이나 정치 철학이 아니라 그리스도 안에서 하나님의 구원에 대한 진리를 붙잡는 사람들로 구성된다는 것입니다. 물론 거기에는 기독교 윤리의 기본 요소들이 포함됩니다. 생명 존중, 정직, 가난한 사람들을 보살피는 일 등이 그것입니다. 교회는 매주 복음을 선포하고 설교함으로써 자기 백성들의 정신과 윤리를 형성합니다. 그러나 정치 정책의 측면에서 이러한 것들이 어떻게 드러나느냐 하는 것은 시민사회의 일원으로서 그리스도인들이 정당하게 씨름해야 할 사안이며, 서로 의견이 다를 수도 있습니다.

이러한 쟁점들에 대해서 강력한 정치적 입장들을 취하거나 더욱 안 좋게는 정치적 파당을 형성하는 일은, 교회가 궁극적으로 복음을 진실되게 믿는 것을 근거로 교회 안에 포함시켜야 할 사람들을 배제해 버리는 위험을 초래합니다. 그리스도인으로서 우리는 총기 규제와 같은 문제에 대해서 맹렬하게 의견을 달리할 수 있어야 합니다. 원한다면, 월요일부터 토요일까지 그러한 쟁점들에 대해 서로 반대되는 시위대의 앞줄에 서 있으십시오. 그러나 주일이 되면 공동의 신앙으로 연합된 그리스도인 형제자매로서 함께 주의 만찬을 들 수 있어야 합니다. 비록 우리가 강력하게 견지하는 정책이 다르다 하더라도 말입니다.

그리스도인은 훌륭한 시민이 되어야 하며, 시민으로서의 책임들을 진지하게 여기고, 우리 위에 임명된 관리들을 존경해야 합니다. 또한 우리는 세상이 폭스 뉴스(또는 MSNBC)의 해설자들이 우리에게 전해 주는 것보다 훨씬 더 복잡하다는 사실을 인정해야 합니다. 우리는 우리가 임명한 지도자들을 범죄자로 그려 놓은 그림이나 사진을 들고 다니거나 자신과 의견이 다른 사람들을 향해 심한 욕을 해 대는 사람들의 부적절한 행위에 절대 가담해서는 안 됩니다. 현재 기독교는 정치에 관하여 너무나 쉽게 큰 소리로 공격하곤 합니다. 그러나 각종 쟁점들에 대해 깊이 생각하고 정확히 알고 가담해야 하며, 민주적인 절차에 따라 적합하게 참여하는 모범을 보여야 합니다. 그렇게 하기 위해서는 문화가 변해야 합니다. 우리는 더 폭넓게 읽고 살펴야 합니다. 우리는 우리와 의견이 다른 사람들이 소중히 여기는 것들에 대해 비판하듯이, 우리가 좋아하는 해설가들과 이야기들에 대해서도 비판할 수 있어야 합니다. 또한 세계에 대하여, 그리고 하나님이 우리에게 주신 기회들에 대하여 훌륭한 청지기들이 되고자 노력해야 합니다.

그 실천적인 본질의 측면에서, 기독교를 너무나 보수적인 정치와 일치시키는 것을 전혀 견제하지 않고 비판 없이 그대로 둔다면, 빈민 구제와 환경문제와 외교정책이라는 쟁점들에 대해 문제의식을 가지고 있는 세대를 교회 밖으로 내몰게 될 것입니다. 바로 이것이 나의 신념입니다. 오늘날 우파가 사회적으로, 그리고 도덕적으로 더욱더 뚜렷이 자유방임적인 방향으로 움직여 가고 있으며, 낙태와 같은 쟁점들에 대해서도 선거철과 선거 이후에 말이 바뀌는 식으로 실용적으로 이용하고 있을 뿐이라는 점이 드러나면서, 종교적 우파가 주류 정당 정치 마당에서 점점 더 환멸을 느끼고 변두리로 밀려나고 있는 것 같습니다. 이러다가 결국 종교적 우파는 한쪽으로 밀려나 목소리만 크지 아무런 영향력도 미치지 못하는 집단이 되고 말 것입니다. 우리는 정치적으로 그리스도인들의 목소리를 이런 식으로 주변으로 밀어내 버려서는 안 됩니다. 그러기 위해서는 정치의 한계와 그리스도인들의 정당성을 인식하고, 수많은 실제 정책들에 대해 반대 의견을 제시하고, 정확한 정보를 가지고 사려 깊고도 신중히 정치에 참여한다는 명성을 얻어야 합니다. 결국 교회 밖에서 좋은 명성을 얻는 것이 바로 교회의 지도력과 관련하여 신약성경이 요구하는 바입니다. 바로 그러한 일반 원칙이 모든 그리스도인들이 어디에 있든지 있는 그 자리에서 가져야 할 태도입니다. 실로 나는 그리스도인들이 정치 과정에 참여할 때 지루한 상투어나 인신공격, 마니교적인 악평이 아니라, 지성과 정중함이 특징적으로 나타나는 그날을 기대합니다.

마지막으로, 바츨라프 하벨(Vaclav Havel, 체코슬로바키아에서 일어난 정치적 변화를 이끈 주요 인물로, 체코슬로바키아의 마지막 대통령과 체코공화국 초대 대통령을 역임했습니다)의 말에서 한 대목을 인용함으로써 끝을 맺겠습니다. 하벨 대통령은 진정으로 마르크스주의 국가에서 산다는 것이 어떤 것인지를 알고 있었습니다. 그는 러시 림보나 글렌 벡과 같은 사람들의 과장된 거친 소리와는 다른 소리를 냈습니다. 나는 그에게서 마틴 루터가 1520년의 그 의기양양한 종교개혁 시절에 너무나도 직설적으로 진술한 정서와 전적으로 일치하는 태도를 포착할 수 있습니다. 즉, 기독교의 자유는 우리 자신의 권리를 주장하는 것이 아니라 우리가 어디에 서 있든 그 자리에서 다른 사람들을 섬기는 데서 펼쳐져 나온다는 것입니다. 하벨의 말을 들어 보십시오.

"진정한 정치(그 이름에 걸맞는 정치), 내가 나 자신의 모든 것을 기꺼이 바치고자 하는 유일한 정치는 한마디로 주위 사람들을 섬기는 것이다. 그것은 지역사회를 섬기는 것이며, 우리를 보고 뒤따를 사람들을 섬기는 것이다. 그 정치의 가장 깊은 뿌리들은 도덕적이어야 한다. 그것이 전체를 향하여, 전체를 위하여, 행동을 통하여 표현된 책임이기 때문이다."[4]

---

4) Vaclav Havel, *Summer Meditations*(New York: Knopf, 1992), 6.

Republocrat
: confessions of a liberal conservative
-By Carl R. Trueman

옮긴이 **김재영** 목사는 총신대학교 신학과를 졸업하고 세인트루이스의 커버넌트 신학교와 애틀란타 컬럼비아 신학교, 시카고 트리니티 신학교, 그랜드 래피즈 칼빈 신학교에서 공부하였습니다. 현재는 캘리포니아에 있는 International Theological Seminary에서 조직신학과 영성신학, 기독교 세계관을 가르치고 있습니다. 저서로는 『하나님 나라의 자유를 찾다』(국제제자훈련원)가 있으며, 『현대를 위한 구약윤리』(IVP), 『신학 실종』(부흥과개혁사), 『오직 예수』(복있는사람) 등의 수많은 번역서들이 있습니다.

진보 보수 기독교인

지은이 | 칼 트루먼
옮긴이 | 김재영

펴낸곳 | 지평서원
펴낸이 | 박명규

편 집 | 정 은, 이윤경, 강영선
마케팅 | 전두표

펴낸날 | 2012년 12월 1일 초판

서울 강남구 역삼동 684-26 지평빌딩 135-916
☎ 538-9640,1 Fax. 538-9642
등 록 | 1978. 3. 22. 제 1-129

값 10,000원
ISBN 978-89-6497-029-4-93230

메일주소 jipyung@jpbook.kr
홈페이지 www.jpbook.kr
페이스북 www.facebook.com/jipyung
트 위 터 @_jipyung